대구수목원

대구 수목 원

발행 | 2017년 12월 11일(2쇄발행)
　　　2017년 4월 17일(초판발행)

지은이 | 이정웅
펴낸이 | 신중현
펴낸곳 | 도서출판 학이사

출판등록 : 제25100-2005-28호
주소 : 대구광역시 달서구 문화회관11안길 22-1(장동)
전화 : (053) 554~3431, 3432
팩스 : (053) 554~3433
홈페이지 : http://www 학이사.kr
이메일 : hes3431@naver.com

ISBN _ 979-11-5854-074-6 03090

우리나라 최초로 쓰레기 매립장에 조성한

대구수목원

이정웅 지음

學而思 학이사

머리말

대구수목원이 올해로 개원(開園) 15주년을 맞는다. 계획을 수립하고, 현장을 누비며 개원식까지 주도했었기에 남다른 감회를 느끼지 않을 수 없다.

퇴직할 때 조성 당시에 보도되었던 신문과 몇 가지 자료를 복사해 나왔다. 개원 10년 되는 해에는 이 자료들을 크게 확대해 수목원의 어느 목 좋은 곳에 펼쳐 놓고 반대했던 환경·시민단체의 성명서와 부정적이었던 신문기사를 시민들에게 보이고 당시 대구시의 정책이 옳았는지, 환경·시민단체의 주장과 언론의 보도가 옳았는지 심판을 받고 싶었기 때문이다. 현장을 면밀히 검증·분석하지 아니하고 반대한 일부 환경·시민단체와 반론의 기회를 충분히 주지 아니하고 보도한 언론으로 너무 힘들었기 때문이다. 그러나 이런저런 사유로 그렇게 하지 못했다. 그래서 이 책을 쓰게 되었다. 이미 알려져 있다시피 대구수목원은 우리나라에서 최초로 쓰레기 매립장을 활용해 조성했다. 처음 시작할 때 인근 농민들은 '침출수로 농사를 망쳤으니 우선 보상부터 하고 조성하라', '겉으로 내건 목적과 달리 무슨 다른 혐오시설로 괴롭게 할지 모른다' 고 반발했고, 환경·시민단체는 유해가스가 나온다, 지반이 안정되지 않았다. 침출수가 나온다. 투자비가 과다하다는 등의 이유로 반대했다. 연간 184만 명(2016)이 찾아 대구의 새로운 명소가 된 대구수목원은 이런 우려와 반대를 극복하고 완성했다.

공직을 떠난 지 14년, 어느덧 고희(古稀)를 넘겨, 기억이 희미해지고 있다. 더 늦기 전에 마음속에 품고 있었던 그때의 이야기를 풀어 놓고 싶었다. 자료를 참고할 수 있는 것은 그것에 따르고 그 이외에는 기억을 더듬어 정리했다.

규모가 크든 작든 하나의 일이 완성되기에는 전 우주가 동원된다고 했듯이 함께 했던 직원은 물론 외부의 많은 사람의 지원과 협조가 있었기에 가능했다. 그 중에서 가장 기려야할 분은 문희갑 전 시장이다. 미래를 내다보는 높은 식견으로 재임 중 많은 업적을 쌓았지만 대구를 녹색도시로 탈바꿈시키고 수목원 조성 지시와 더불어 전폭적인 지원이 있었기에 가능했기 때문이다.

또 다른 특별한 세 분이 있었으니 92종 1,180포기의 선인장을 기증한 정주진 님, 250여 점의 고급 분재를 기증한 박상옥 님의 미망인 김경자 여사, 수석 600여 점을 기증한 문기열 님이다.

이외에도 많은 시민들의 동참이 있었다. 이런 점에서 대구수목원은 대구시의 여느 사업과 달리 시와 시민이 함께 만든 대구정신의 결정체라고도 할 수 있다. 다만, 아쉽다면 역대 소장과 직원들의 많은 노력에도 불구하고 수목원이 본래 기능을 벗어나 공원화(公園化) 되어가고 있으며, 일부 도입된 시설물은 수목원 기능과 부합하지 않는다는 비판이 들려오는 점이다.

이런 점에서 영국이나 일본 등 외국의 수목원을 벤치마킹하거나 또는 임학자, 조경전문가, 생태학자, 문화기획자 등 다양한 전문가로 구성된 가칭, '대구수목원자문위원회'를 구성해 지금까지의 운영 실태를 점검해 보고 앞으로 나아갈 방향을 모색하는 작업을 고려해 볼 만하다.

처음 수목원을 계획할 때 후발주자인 대구수목원이 기존의 국립(國立)수목원이나 사설(私設) 천리포수목원과의 경쟁에 뒤지지 않기 위해 백두산에서 한라산까지 우리나라에 자라는 모든 야생화와 국내에 자생하는 모든 종류의 약용식물을 수집하여 약령시와 더불어 전국적인 명소로 특화하고 싶었다. 즉 우리나라에서 자생하는 야생화와 약용식물을 다 보려면 반드시 대구수목원에 가야한다는 특화된 수목원을 만들고 싶었다.

또 겨울철 삭막한 대구를 푸르게 하기 위해 난대성 상록활엽수 중 가능한 수종은 없는지, 가로수 등 조경 식물의 시험·연구기능을 확대하고, 청소년들의 정서순화와 체험학습, 시민들을 위한 사회교육 기능을 강화하여 녹색도시 건설의 중심 역할을 하고 싶었다.

열대식물원과 큰 습지원도 만들고, 대구의 자랑인 우리나라 천연기념물 제1호인 측백나무를 비롯해 대구에서 발견되어 명명된 큰구와꼬리풀, 세뿔투구꽃, 대구으아리 등 대구를 상징할 만한 깃대종을 한곳에 모아 우리 대구가 국난극복의 선도도시이기도 하지만 식물의 다양성 면에서도 어느 도시에 뒤지지 않는다는 것을 알려 시민들의 자긍심을 높이고 싶었다.

앞서도 언급했지만 대구수목원은 쓰레기 매립장이라는 입지환경의 특수성, 주민 및 환경단체와의 갈등 조정, 침출수의 처리, 성토 시 공사장 잔토를 이용한 예산절감, 다양한 방법의 시민 참여, 비판적인 언론의 보도, 심은 식물의 활착과 성장률 추이 등 시작부터 완성에 이르기까지 모든 과정을 정리해 기록을 남겨 놓을 필요가 있다.

2022년은 개원 20년이다. 《대구수목원 20년사》를 통해 이러한 일련의 일들이 기록으로 남겨졌으면 한다. 어쩌면 수목원 조성 관련 기록은 대구 시정을 변혁(變革)시킨 귀중한 문서일 수 있다.

이 책은 나의 개인의 느낌과 조성 중 부딪혔던 일들을 정리한 것이다. 따라서 어떤 자료는 숫자가 틀릴 수도 있고, 어떤 내용은 과장되었거나 빠졌을 수도 있다. 이 점 당사자들의 이해를 구하고 싶다.

만나는 사람 중 일부는 나를 소개함에 있어 '대구수목원'을 만든 사람이라고 하기도 한다. 싫지는 않지만 과분한 말씀이다. 같이 고생했던 동료들과 정·부시장을 비롯한 상급자, 지원을 아끼지 않았던 외부 인사들에게 미안하다는 말씀을 드린다.

다만, 나의 시청 근무 34년 중 농정 분야에 근무하면서 계장이나 과·국장 등 상하(上下) 누구는 물론 국회의원 등 외부의 어느 누구의 간섭도 없이 내 순수한 판단으로 농수산물도매시장의 입지를 북구 매천동으로 결정해 지역 경제에 큰 도움이 되고, 대구·경북 애국지사의 묘역인 신암선열공원의 일부 산림청 부지를 관계기관을 설득해 사용료를 면제받은 일이 있지만, 그러나 가장 힘들었던 때를 말하라고 하면 수목원을 조성할 때였고, 퇴직 후 지금 생각하면 가장 보람 있는 일이 수목원 조성에 참여한 것이었다고 할 수 있다.

2017년

이 정 웅

차례

수목원
태동 전야

대구시는 서울 등 다른 도시와 달리 1987년 설립된 '양묘사
업소'(養苗事業所)라는 시 직속 기관이 있었다(그 전에는 묘포
장). 시가지를 아름답게 할 꽃과 도시 녹화에 필요한 묘목(苗
木)을 생산하기 위해서였다.

이 사업소는 1996년 임업시험장으로 명칭이 변경되기 전까지
9년 동안 존속했었다. 그러나 겉으로 표방한 목적과 달리 그
이면에는 또 다른 이유가 하나 있었다.

당시 공직 사회는 기술직이 천대(?) 받는 시기였다. 그러나
같은 기술직이라도 토목이나 건축 공무원은 그래도 나았다. 하
지만 산림보호와 도시 녹화를 주 업무로 하는 임업직(현, 녹지
직) 공무원은 조직 내에서 소외되었다. 대표적인 사례가 녹지
과장 보임(補任)을 들 수 있다.

녹지와 산림행정을 총괄하는 녹지과장은 전문성을 필요로 하
기 때문에 임업직 공무원이 맡는 것이 당연하다. 그러나 늘 행

정직이 차지하고 그 밑에 5급인 녹지계장과 산림계장만 임업직이었다.

이런 형편이다 보니 다른 직렬의 공무원보다 승진이 늦었다. 따라서 공무원의 가장 큰 욕구라고 할 수 있는 승진은 두 분의 계장 중 한 사람이 정년퇴임하거나 사직(辭職)을 하지 않으면 기회가 없었다. 좀 과한 이야기지만 두 분이 출장 가다가 사고라도 났으면 좋겠다는 끔찍한 우스개도 있었다.

그러다 보니 당시 82명의 임업직 공무원의 사기는 말이 아니었다. 그래서 연구한 것이 6급이 책임자인 시(市) 직영의 묘포장을 5급 임업직 소장이 책임자인 양묘사업소로 확대 개편하는 작업이었다.

대구에서 열리는 국내외적인 큰 행사를 대비하려면 꽃을 안정적으로 생산해야 하고, 그렇게 하려면 이를 전담하는 기관이 필요하다며 조직담당부서를 설득했으나 실패했다. 그때에는 모든 권한이 중앙정부에 집중되어 있었기 때문에 조직담당부서를 배제하고 바로 내무부에 요구하기로 했다.

이때 조경제 계장(팔공산자연공원관리사무소장으로 퇴임)이 같은 임업직이기는 하나 새마을과에 근무하면서도 내무부에 발이 넓은 이경우 주임(앞산공원관리사무소장으로 퇴임)을 특사(?)로 보냈다. 조계장은 계획을 구상하고 이 주임은 내무부로 올라가 담당 부서의 관계자를 설득하는 한편 내무부의 차관이었던 이상희 차관을 어렵게 면담해 성사시켰다.

청소과로부터 인수할 당시의 대륙 쓰레기 매립장. 1m정도 복토(覆土)를 해 놓아 풀만 무성한 곳이었다.

인사에 숨통이 트이기는 했지만 돌이켜보면 다소 무리한 측면이 없지 않았다. 그 후 김영삼 정부시절 행정에 기업(企業) 개념이 도입되었다. 행정도 이윤을 추구하는 기업과 같이 투자한 비용 이상으로 수익이 창출되어야 하는데 양묘소에서 생산하는 꽃과 나무의 산출량을 금액으로 환산하면 투자비용에 비해 시중에서 사서 쓰는 것이 낫다는 지적을 받았다.

따라서 행정기구를 감축해야한다는 중앙정부의 지침이 내려올 때마다 폐지되어야할 대상 1호로 지목되는 기관이 양묘사업소였다. 이때 생산포지는 수성구 지산동에 있었다.

그러나 그때마다 생산한 꽃이 시중에서 보다 질적으로 우수하며, 불시에 개최되는 국제행사나 VIP가 포함되는 행사가 있을 때 적기에 공급할 수 있는 이점이 있다는 등의 이유를 들고, 때론 조직 담당 공무원들을 설득하여 그대로 존속시켜 왔었다. 그런데 생산포지와 사무실이 지산·범물택지개발지구에 포함되어 없어지게 되었다.

그때 옮겨온 곳이 두류공원(현, 관광정보센터와 야외음악당 일대)이다. 나대지 상태로 있던 38,072㎡(11,516평)의 부지에 사무실을 짓고 꽃과 나무를 가꾸며 업무를 수행했다. 양묘사업소가 그대로 존속하기 위해서는 뭔가 돌파구가 마련되어야 할 필요성이 요구되고 있었다.

대곡 쓰레기 매립장
묘포장 활용 계획 확정

두류공원에 있던 사무실과 포지는 공원 부지라 지정 목적에 반(反)하는 시설이기 때문에 공원과에서는 본래 용도대로 이용하기 위해 이전을 촉구했다. 따라서 옮겨갈 부지를 확보하는 것이 녹지과의 주요 현안 사업이었다. 일단(一團)의 토지가 적어도 100,000㎡(30,250평)정도 되어야 하고, 지가도 싸야하며, 시가지와 비교적 인접해 있어 운송시간을 짧게 해야 하는 곳이라야 하는데 이런 곳을 고르기가 쉽지 않았다.

칠곡의 지천이나 경산 쪽을 염두에 두고 현장을 답사하기도 했다. 지가가 싸기는 하나 거리가 너무 멀어 출퇴근은 물론 꽃이나 묘목을 운반하는데 시간이 너무 많이 소요되는 단점이 있어 포기해야 했다.

다음은 동구 안심에 있는 지금의 안심습지자리를 선택했다. 땅이 수면 밑에 잠겨 있는 포락지(浦落地)라 지가(地價)가 저렴하며, 하천 부지 등 포함된 일부 국유지를 활용하면 토지 매입비도 줄일 수 있었다. 시내에서 비교적 가까우며, 인근에 이 습지를 이용해 농사짓는 사람들이 있으나 최신식 양수시설을 설치해 용수공급에 지장이 없도록 해주면 주민들도 좋아하지 않을까 하는 생각이 들어서였다. 필요한 사업비를 확보하고 이듬해 사업을 추진하려고 하니 몽리자들의 반발이 컸다. 계획을 철회할 수밖에 없었다. 따라서 묘포장 부지 확보는 미결 사업으로 남아 있었다.

그러던 차 청소과의 구영수 사무관(전, 환경정책과장)에게 매립이 종료된 대곡 쓰레기 매립장을 묘포장으로 활용하면 어떻겠느냐고 제안하였더니 구(具) 사무관은 물론 이종진 과장(전, 달성군수, 국회의원 역임)도 흔쾌

1995년 3월 27일자 대곡 쓰레기 매립장을 묘포장으로 확정한 계획서. 이 계획으로 인해 수목원이 조성될 수 있었다.

히 동의했다.

이래서 입안한 것이 '대곡 쓰레기 매립장 활용계획'으로 96년부터 98년까지 3년에 걸쳐 묘포장을 조성하기로 했다. 기간을 3년으로 정한 것은 당시 조성 중이었던 방천리 매립장에 문제(주민들이 쓰레기 반입을 저지할 경우)가 발생할 경우를 대비하기 위해서였다.

과장, 국장에게 결재를 받고 관련 실·국·과장의 협의를 받기 시작했다. 협의 부서는 예산담당관, 이재과장, 청소과장, 기획관, 재무국장, 도시계획국장, 지하철건설본부장, 기획관리실장이었다.

많은 부서 책임자들이 좋은 착안이라고 격려해 주었으나 기획관리실장에게 브레이크가 걸렸다. 당시 시의 역점 사업인 푸른 대구 가꾸기 사업에도 적극적으로 지원해 주셨던 분이고 상하 모든 직원들의 신망이 두터운 분이라 실망이 컸다.

두 번이나 거절당해 조금은 불편한 마음이었으나 결정권은 시장에게 있는 만큼 의견을 부기(附記)하고라도 서명해 달라고 간청했다. 그러자 마지못해 '묘포장으로 용도 지정은 좋으나 투자비가 과다하므로 기존 묘포장을 더 이용하면서 보다 장기 계획으로 검토 요함'이라는 단서를 붙여 서명해 주었다.

이어 부시장의 결재를 받고 결재서류를 과장에게 넘겼다. 시장(市長)의 결재는 과장이 받도록 되어 있는 관례 때문이었다. 얼마 후 과장이 결재를 받으러 갔다가 그냥 돌아왔다. 이유는 기회비용(機會費用)에 대한 검토가 없다는 것이었다.

조금은 어리둥절했다. 처음 들어보는 낯선 용어이자 쓰레기 매립장을 묘포장으로 사용하는데 웬 기회비용이냐 싶었다. 그러나 시장의 지시사항이니 만큼 연구해서 결재서류를 보강했다. 그 후 몇 번 권유해도 정종태 과장은 결재 맡기를 꺼려했다.

산불진화용 헬리콥터를 광역지방자치단체로서는 처음으로 구입하는 등 매사에 적극적이었던 분인 것을 감안하면 매우 이례적이었다. 짐작으로 기회비용 때문에 질책 당한 것이 마음에 큰 상처로 남아 있었던 것 같다.

그러던 어느 날 시장에게 못 받은 결재서류가 있으면 빨리 받으라는 청내(廳內) 방송이 나왔다. 새로 시행되는 지방자치법에 따라 현직 시장이 민선(民選) 시장에 출마하기 위해서는 일정 기간 내 사표를 내야하는데 그 시점이라고 했다. 서랍 속에 넣어두었던 서류를 다시 꺼내 과장에게 건너 주었으나 머리를 흔들었다.

이번 기회를 놓치면 새로 당선된 민선 시장이 허락한다는 보장도 없을 뿐 아니라, 선출된 시장이 새로 인사를 할 경우 많은 참모들에게 다시 협조를 받아야 하는 등 문제가 많다. 조급한 마음이 든 나는 관례를 무시하고 서류를 가지고 시장실로 들어갔다. 그동안 준비를 철저히 해 당선되어 오시면 기대에 어긋나지 않게 멋진 포지(圃地)를 만들어 놓겠다고 했더니 아무 말씀도 하지 않으시고 결재해 주었다.

그날이 1995년 3월 27일. 잊지 못할 날이다. 숙원 사업이었던 묘포장 이전이 대곡 쓰레기 매립장으로 확정되었다. 그때 밖으로 출장을 갔거나, 다른 일로 시청 안에 있지 않았다면 방송을 들을 수 없었고, 못 들었으면 결재를 받을 수도 없었을 것이다. 그랬다면 오늘날의 대구수목원도 없었을 것을 생각하면 지금 생각해도 아찔하다.

그때 결재해 준 시장은 선거에서 낙선했다. 그러나 이 결재가 단초가 되어 대구수목원이 탄생할 수 있었다. 후문에 의하면 당시 이곳을 시 산하 모 기관에 대여(貸與)해 거기서 골프장을 만들어 수익을 창출하도록 하고, 대신 대구시가 매년 그 기관에 주는 보조금을 줄이려 했다고 한다. 기회비용을 분석하라는 것은 묘포장보다 골프장으로 사용하는 것이 열악한 시 재정 상태로 볼 때 더 유용한 활용 방법이라는 생각을 가졌던 데 기인했던 것으로 생각된다.

양묘사업소 청사 이전

묘포장을 조성하는 과정에 1995년 7월 1일 민선 1기 시 정부가 출범했다. 새로 당선된 문희갑 시장이 시정의 책임자가 되었다. 이후 종전의 관선 시장 행정에 길들여져 있던 관습이 혁파되면서 시정은 활기차게 추진되었다. 두류공원 내에 있는 양묘사업소 청사와 부지에도 단일(單一)공연장으로서는 국내 최대의 규모의 코오롱야외음악당과 관광정보센터 건설계획이 확정되었다.

이에 따라 양묘사업소 청사 이전 계획을 1996년 8월 10일 확정했다. 이 계획에 시험·연구계 신설, 야생화 전시포·잔디광장·수목원 조성 등을 포함시켰다.

이전 장소는 전임 시장 때 확정된 달서구 대곡동 쓰레기 매립장이었다. 다시 청소과와 협의하는 과정에서 자원재생공사 사용 부지로 33,000㎡(10,000평), 달서구청에 33,000㎡(10,000평), 즉 66,000㎡(20,000평)를 제외하고 218,026㎡(66,000평)만 양묘사업소 청사 신축 및 부속 묘포장 부지로 할애 받았다.

특히, 고 황대현 달서구청

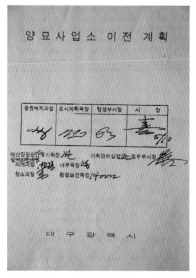

두류공원 양묘 사업소 청사 및 묘포장이 대구 야외음악당과 관광정보센터 부지로 활용됨에 따라 지금의 수목원 자리로 이전하게 되었다.

장은 달서구청이 할애 받은 이 부지에 쓰레기 선별장, 청소차 대기 장소 등 청소 관련 종합 타운을 만들려고 했다.

광역자치단체의 산하에 있는 양묘사업소 청사이지만 건축은 기초자치단체장인 구청장의 협의를 받아야 한다. 서류를 불쑥 제출하기 보다는 미리 계획을 알리고 협조를 구해야겠다는 생각에서 차트를 준비해 달서구청장실을 찾았다. 수목원 조성도 찬성해 주었지만 33,000㎡(10,000평)의 청소 관련 부지가 달서구청에 할애된 것을 매우 기뻐했다.

그러나 이 계획은 전 부지를 수목원으로 해야 한다는 문희갑 시장의 의지 때문에 실현되지 못했다. 그 후 돌아가시게 되어 고인에게는 지금도 미안한 마음이 든다.

양묘사업소의 이전에 걸림돌이 생겼다. 개발제한구역의 지정 및 관리에 관한 특별조치법에 의해 불가능했다. 반면에 지방자치단체가 설립하는 임업시험장은 가능했다. 따라서 1996년 10월 10일 대구시 조례로 양묘사업소 명칭을 임업시험장으로 바꾸어 이전할 수 있었다.

그러나 이름만 바뀌었지 조직의 목적이나 기구 및 인력은 양묘사업소 그것과 별 차이가 없었다. 이후 2002년까지 6년 동안 대구수목원은 임업시험장이라는 명칭으로 조성되었다.

대곡수목원 탄생

1997년 4월 7일 확대간부 회의에서 '대곡 매립장의 수목원 조성 계획에 대하여 구체적으로 보고함과 동시에 큰 나무를 이식하는 방안을 검토하라'는 지시가 내려졌다.

단순히 꽃과 묘목을 길러 도시 녹화에 활용하는 기능 이외 수목원도 함께 조성하라는 것이었다.

(그러나 97년 3월 29일 박병련 부시장의 지시로 제주도에 가서 조성 중인 한라수목원에서 권인달 국장과 함께 자료를 얻어 온 것을 보면 그 전에 이미 수목원 조성에 대한 지시가 있었던 것 같으나 자료를 발견할 수 없다.)

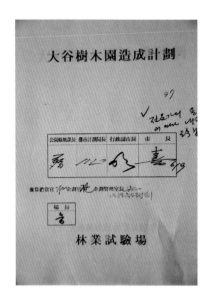

반갑기 그지없었다. 대다수 임업시험장 직원들은 1차 산업인 임업이라는 용어보다 수목원이라는 이름에 더 호감이 갔다.

경남 산림환경연구소의 반성수목원을 견학하고 이어 시안(試案)을 수립하여 국·과장이 검토하고, 97년 4월 29일 행정부시장에게 보고하고, 97년 5월 29일 자문교수단과 협의한 결과 '때늦은 감이 있으나 잘한 일이며 용역을 발주할 때 과업지시 내용을 다시 한 번 검토 받을 것'을 조건으로 협의를 마쳤다.

1997년 6월 9일 '전문가의 용역 결과에 따라 내용을 확정할 것'이라는 단서를 붙여 문희갑 시장이 결재를 해 주어 처음 이름 '대곡수목원'이 세상에 빛을 보게 되었다.

이때 시장에게 제출한 계획서에는 수목원계를 신설해 줄 것과 상용직(현, 무기계약직) 6명과 일용인부 18명 모두 24명 전원을 상용직으로 전환해 줄 것을 건의했다.

대곡수목원 조성
기본계획 수립

1997년 8월 '대곡수목원 조성기본계획수립용역(안)'을 대구광역시 지방건설기술심의위원회에 부의하였다. 이때 심의위원과 주요 의견(意見)을 보면 다음과 같다.

공원녹지연구소 소장 조용기 박사는 '레크레이션과 생산 기능, 그리고 대시민 교육기능을 겸한 수목원으로 조성하는 것이 바람직하다', 대구대 김한배 교수는 '여타 지역의 수목원과 다른 대구의 지역성, 특별한 용도, 또는별도의 설계적 특성을 가질 수 있어야 한다, 수생식물원도입, 맹인, 장애자시설설치',

1998년 1월까지는 대곡수목원의 이름은 대곡
(大谷)수목원이었다. 2002년에 오늘날 부르는
이름 대곡수목원으로 바뀌었다. 용역의 시행
주체는 경북대학교 환경녹지연구소, 책임연구
원은 김용수 교수였다.

경북대 지종기 교수는 '수원과 수계를 확보하고 배수관리가 합
리적으로 이루어지도록 설계 시공하여야 한다, 지반침하가 생
길 수 있으니 사전조사를 충분히 한 후 건축물 시공', 공원녹지
과 조경제 과장은 '일률적인 노거수 식재보다 중경목 식재, 필
요한 종자 확보를 위한 채종원 조성, 연구기능 확보와 적정한
인력 보강', 영남대 김용식 교수는 '매립지라는 특성을 고려하
여 다양한 식물을 식재하였을 때 제기될 수 있는 악영향 분석,
국내 여타 수목원과 차별화', 영남대 조무환 교수는 '가스 오염
이나 악취 문제가 발생되지 않도록 조치, 지반침하대비 건축
물 시공', 경북대 김용수 교수는 '도시민을 위한 레크레이션 기
능 수행', 등을 강조했다. 이를 바탕으로 한 기본 계획 수립 용
역은 1997년 10월 6일 경북대학교 환경녹지연구소와 계약하고

1998년 1월 납품받았다.

이때 대표 지번을 달서구 대곡동 284번지로 확정하고 면적은 505,954㎡(153,051평) 중 이미 소유권이 확보된 쓰레기매립지 234,494㎡(70,934평) 이외 271,460㎡(82,117평) 추가 확보하기로 했다. 참여한 연구원들은 책임연구원 경북대 김용수 교수를 비롯하여 공동 연구원으로 경북대 이현택 교수, 경주대 임원현 교수, 경주대 조용기 교수, 계명대 김수봉 교수, 경산대 권기찬 교수, 동아대 이기철 교수, 경북대 나정화 교수, 경북대 정순률 박사 과정 등이었다.

이로서 처음 '대곡 쓰레기 매립장 묘포장 활용 계획'으로 출발하여 양묘사업소 이전 계획이 수립되고 임업시험장으로 명칭을 바꾼 이후 마침내 수목원 조성 사업이 시작되었다.

'대곡수목원 조성기본계획'(대구수목원이라는 명칭은 2002년 3월 30일 결정되었고 그 이전까지는 임업시험장 부속 대곡수목원이었다)이 완성되었다.

영남자연생태보존회의
반발

1998년 3월 1단계 공사 실시설계용역을 발주하여 순조롭게 진행하고 있는 가운데 지역의 대표적인 환경단체인 '영남자연생태보존회(이사장 류승원)'에서 대구시의 '대곡수목원 조성계획'을 검토하고 현장을 답사한 결과 '계획의 무모성, 무지성, 허구성을 발견하고 시당국이 예산을 함부로 낭비하는데 대한 분노를 금치 못하면서 이에 성명서를 발표한다'고 하며 '수목원 조성계획을 전면 취소하라!'라고 했다.

그 이유는 첫째, 지반이 안정되지 않았다. 둘째, 유해가스가 발생한다. 셋째 식물의 생리적, 생태적인 특징을 모르는 조경

영남자연보존회에서 발표한 성명서(1998. 6. 10. 일부).
계획의 무모성, 무지성, 허구성 등 다소 극단적인 표현으로 수목원 조성을 반대했다.

관련자들이 기본계획에 참여했다. 넷째는 122억 원의 예산은 많다. 다섯째, 향토식물이 자라기에는 서식조건이 좋지 않다. 여섯째, 지하수를 개발하거나 주민들이 긴요하게 쓰는 도원지 물을 끌어오지 말라는 등의 이유였다.

이어 대안(代案)으로 첫째, 지하수, 토양의 오염 피해를 줄이는 조치를 먼저 취하고 안정기를 거친 후 재활용하라, 둘째, 변화 추이를 계속 모니터링해서 향후 매립이 끝날 방천리 매립장을 재활용하는 자료로 활용하라. 셋째 그대로 두어 식생의 변화를 연차적으로 추적하여 자료를 얻도록 하든지 다양한 식물을 랜덤(random) 식으로 심어 나름대로 식생을 형성해 가도록 해 매립지 식생복원 단서를 찾아보자 넷째, 매립지를 그대로 두어 후손들로 하여금 지켜보도록 하자고 제안했다.

그러나 대곡쓰레기 매립장은 1986년 2월에 매립을 시작하여 1990년 4월에 완료하여 7년이 경과되었으며 주로 연탄재로 매립양은 410만 톤, 평균 높이는 18m였다.

영남자연생태보존회의 제안은 이상적이기는 하나 안정화가 몇 년이 되어야하는지 근거되는 자료가 없고, 가스는 나오지만 인체나 식물의 생장에 무해한 메탄가스이며, 사업비는 상대적인 것인 만큼 많다, 적다는 시민을 대표하는 의회가 판단할 일이라는 생각이 들었다. 그러나 이 성명서는 언론에 큰 관심을 불러 일으켰다.

제1차
언론폭탄

1998년 6월 10일 일간지로서는 처음으로 oo일보 ooo 기자가 제목을 '대곡매립장 수목원 조성 현실성 없다'라며 영남자연생태보존회의 성명서 내용을 인용하여 큰 활자로 기사화했다.

같은 날 KBS-TV가 '영남자연생태보존회, 대곡쓰레기 매립장에 수목원 조성 하려는 계획 전면 취소하라고 대구시에 요구'라는 제목으로 저녁 뉴스시간에, 다음 날인 1998년 6월 11일에는 대구MBC 라디오 정오 뉴스에 '대구시가 쓰레기 매립을 완료한 매립장의 안전성을 고려하지 않고 불법으로 수목원을 조성하고 있는 것으로 드러나'라는 제목으로, 같은 방송사의 TV 저녁 뉴스에서는 '대구시, 쓰레기 매립이 끝난 매립장에다 안전을 고려하지 않고 불법으로 수목원을 조성하고 있는 것으로 드러나'라는 제목으로 각각 보도했다.

특히, oooo방송국의 ooo 기자는 류 이사장과 몇 분의 회원과 함께 현장에 와서 가스를 뽑아내기 위해 만들어 놓았던 원통형의 배출구(매립 이후 8년이 경과되어 가스가 나오지 않고 있었음)에 종이를 넣어 불을 붙였으나 불이 크게 확산되지 아니하자 이번에는 배출구 옆에 신문지를 꾸겨서 불을 붙여 마치 배출구에서 나오는 가스로 인해 신문지가 타는 것처럼 연출해 보도했다.

대곡매립장 수목원 조성 현실성 없다고 보도한 영남일보(1998,6,10, 왼쪽)와 11일 후 같은 신문
독자투고란에 반박하는 내용을 기고한 필자의 글

　나는 화가 나서 류 이사장에게 "이 신문지가 가스로 인해 타
는 것이 아니지 않느냐."고 거칠게 항의했었다.

　그러나 보도는 계속되었다. 1998년 6월 17일 이번에는 ○○일
보가 '달서 쓰레기 매립장에 수목원 조성 논란'이라는 제목으로
'지반침하 우려, 건축물 없어 무방'이라는 부제로 영남자연생태
보존회의 입장과 시의 입장을 양비론적 입장에서 보도했다.

　일련의 기사를 읽거나 TV를 보거나 라디오를 청취한 많은 시
민들은 대구시의 무모(?)한 계획에 많이 실망을 했을 것이라고
생각하면 안타까웠다.

　양묘사업소의 묘포장을 이곳으로 이전하는 문제를 어렵게 성
사시켰고, 개발제한구역이라 이전이 불가능해 입업시험장으
로 이름을 바꾸고, 인근 농민들의 반대를 설득하고, 예산을 절
약하기 위해 진천천의 복개 공사장과 지하철 1호선 및 민간건
설업자의 아파트 건설 부지의 잔토로 기반을 조성하고, 최고

전문가라고 할 수 있는 박사급의 연구원들이 참여한 경북대학교 환경녹지연구소가 검증한 사업을 그보다 전문성이 낮은 환경단체의 의견을 크게, 그것도 불법이라는 용어를 사용해 가며 과장 또는 왜곡 보도했다.

특히, 폐기물 관리법상 20년 이상 매립지를 사용하지 못하도록 한 규정은 공원(수목원)은 제외되는데 이를 불법이라고 보도하여 더욱 난처하게 했다.

특히, 시청자가 오해하도록 현장을 연출해 방송한 ooo TV의 경우에는 분하고 억울해서 언론중재위원회에 제소하려고 했다. 그러나 많은 사람들이 이번 일은 시정을 받을지 몰라도 다른 일을 문제 삼아 보도하게 되면 결국 공무원만 손해를 본다고 만류하여 포기했다.

이런 편향적인 보도를 본 박병련 행정부시장은 1998년 6월 17일 간부회의에서 '일부 환경단체가 지반침하, 가스분출 등 검증되지 않는 반대 여론이 언론에 보도되어 혼선을 빚고 있으니 관련 기관 전문가, 학계, 환경단체 등이 참여하는 회의를 개최하여 의견을 수렴 문제점에 대하여 대책을 강구하라'는 지시를 내렸다.

토론회 개최

영남자연생태보존회 요구에 의해 1998년 6월 26일 앞산공원 관리사무소 2층에서 경북대 환경녹지연구소, 시민환경단체, 대구시 관계 공무원 등 3자가 토론회를 개최했다. 의회에 부탁하여 속기사가 토의 내용을 정리하도록 했다.

이때 환경녹지연구소에서는 최정(토양학), 김용수(조경학), 이현택(풍경계획), 조완근(대기분석), 임원현(조경학), 김수봉(환경학), 나종화(생태학)교수, 대구시에서는 김돈회(도시계획국)국장, 이정웅(임업시험장)장장, 이재철(보건환경연구원) 대기보전과장, 영남자연생태보존회와 시민단체에서는 류승원(영남자연생태보존회, 생태학)이사장, 김종원(계명대, 식물사회학)교수, 안준수(대진대, 대기분석)교수, 송필경(환경운동연합)위원장, 민영창(경실련)사무처장, 그 외 박적환(대구참여연대)회원 사업부장, 류병윤(새대구시민회의)조직국장, 이진국(자연생태연구소)연구원 등이 참여했다. 그러나 기본 계획의 여러 쟁점에 대해 대구시의 공무원이나 녹지환경연구소 관련 교수의 설명을 듣고 문제점을 해결하려고 하기보다 기존의 주장을 되풀이하는 환경단체와는 합의점을 찾기가 어려웠다.

다만 한자리에서 서로 얼굴을 맞대고 토론함으로 겉으로 반대하는 것과 달리 묵시적으로 동의하는 부분도 있었다.

토론회가 개최된 그날 (1998년 6월 26일) 박병련 행정부시장

대곡수목원 조성 팽팽한 대립

市 "유독가스 적어 예정대로 추진"

시민
단체 "침출수 처리등 다시 원점부터"

공개토론회서 논쟁 계속

대구시가 추진중인 대곡수목원 조
성사업이 환경단체 등의 반발로 논
란(영남일보 6월 10일자 21면 보도)
을 빚고 있는 가운데 대구시와 환경
·시민단체가 토론의 자리를 마련했
으나 이견을 좁히는데 실패했다.
이에대해 대구시가 유독조시 채
용과 자연환승제 제공, 녹지 및 휴
식공간 확보 등을 내세우며 달서구
대곡동 15만3천평 규모로 추진중
인 수목원 조성사업을 안전성과 사
업타당성 우선검증을 요구하는 지역
시민단체의 반대에 부딪히는 논란이
계속될 전망이다.
대구시와 대구지역 시민단체는 26
일 오후 3시부터 대구시 앞산공원관
리사무소 2층 회의실에서 교수 등

대구시와 대구지역 시민단체는 26일 오후 앞산공원 관리사무소
에서 '대곡쓰레기매립장 수목원 조성사업 공개토론회'를 열었다.

검출물으로 유독가스도 일반 대기환
경보다 낮게 나왔다.면서 '토양도
대한 조사가 선행돼야 한다.'며 이
문제를 위한으로 다시 논의해야 ...

은 '이미 관계 전문가의 의견과 외국 사례를 견학하여 충분한
의논을 거쳐 영조물 건립, 가스 배출 파이프 설치 등으로 지반
침하나 가스분출 등에 문제가 없는 것으로 판단되어 예산을 확
보하여 설계·시공 중에 있으며 토론회나 설명회가 아니고 문
제를 제기하고 있는 사람들의 주장이 과학적인 연구와 검증을
거쳐서 제기를 하고 있는지 의견을 듣고, 미처 제기되지 않은
문제가 있다면 예방 및 대처방안을 강구하여 추진하는 그러한
토론이 되어야 하며 검증되지 않은 문제로 인하여 계획이 취소
되거나 변경되지 않는다는 전제하에 의견 수렴을 하라'고 당부
했다.

토론회 개최 다음날인 1998년 6월 27일 영남자연생태보존회를
방문하여 류승원 이사장을 만났다. 혐오시설을 친환경적으로 바
꾸고 쓰레기를 매립하는 동안 악취와 소음, 파리, 모기 등 해충

으로 고통 받았던 주민들에 대한 보상차원이기도 한 이 사업을 찬성하고 지원해야 할 시민·환경단체가 반대하는 것을 이해할 수 없으며 협조해 줄 것을 부탁했다.

이 문제는 영남자연생태보존회 일이기도 하지만 그날 토론회에 참여했던 다른 시민단체의 일이기도 하기 때문에 혼자 결정할 수 없었다. 일주일 정도 토론회 내용을 정리하여 연대 단체와 협의 후 대구시에 공식적으로 질의서를 보낼 것이다. 일부 시민단체들은 경북대 김 모(某)교수가 대구시는 물론 경상북도의 용역 사업을 독점함으로 거기에 대한 불만이 작용했다는 이야기를 하면서 심는 나무를 어린 것으로 하고, 규모를 축소하여 예산을 절감하고, 쓰레기매립지라는 특수한 환경에서 자라는 식물들의 천이 현상을 관찰하는 시험구(試驗區)를 마련해 준다면 협조가 가능하다는 답을 들었다.

이만큼이라도 물러선 영남자연생태보존회에 보답도 하고 외환위기로 대구시의 재정 상태도 어려운 점을 감안해 불요불급한 열대식물원, 방문자센터, 수경시설 등을 배제하고 대신 사업비가 들지 않으면서도 환경단체가 요구한 생태관찰 시험구를 확보하고, 총 사업비도 121억 6천 7백만 원에서 33억 5천 6백만 원을 줄여 88억 1천 1백만 원으로 조정 축소하였다.

환경·시민단체의
공개질의와 답변

　1998년 7월 10일 영남자연생태보존회가 대구경실련, 대구녹
색연합, 새대구시민회의, 대구YMCA, 대구YWCA, 대구참여
연대, 대구환경운동연합과 연대하여 공개질의서를 제출했다.
　머리말에 '토론회를 개최하였다는 사실은 시 당국이 시민의
의사를 반영하고 행정의 투명성을 추구하려고 노력하는 것으
로 보고 싶다. 이게 사실이라면 높이 평가할 만하다'라고 했다.
　우선 문제점으로 첫째, 수목원을 조성하기에 앞서 안정화 사
업(침출수와 지하수 오염문제, 가스 발생 문제, 지반침하 문제,
지하수의 수문학적 조사, 환경관리 모니터링)을 해야 한다. 복
토와 포장으로 인해 유해가스가 취약한 곳에서 집중 방출될 수
있다.

별지 1.

대곡쓰레기매립장 수목원조성사업
토론회 결과에 따른 공개 질의서

　대곡쓰레기매립장 수목원조성사업과 관련하여, 시민단체가 문제점을 제기하고
공개토론회를 통해 문제를 해결하려는 제의를 시당국이 받아들여 지난 6월 26일
토론회를 개최하였다는 사실은, 시당국이 시민의 의사를 반영하고 행정의 투명성
을 추구하려고 노력하는 것으로 보고 싶다. 이게 사실이라면 높이 평가할 만 하
다. 그러나 이와는 달리 이러한 일련의 과정이 통과의례에 그친다면 이는 시민을
우롱하는 것이 될 것이다.

토론회 결과 문제점

토론회 결과 질의서. 이 토론회는
시민의 의사를 반영하고 행정의
투명성을 높였다고 평가했다.

둘째, 저수지 조성이 침출수 유출과 지하수 오염을 촉진하는 것을 간과하고 있다.

셋째, 그냥 두어 자연적으로 진행되는 천이 현상에 맡길 것이지 유지 관리비가 많이 드는 수목원을 조성할 필요가 있는가?

넷째, 대구대공원이나 두류공원 등에 수목원을 조성해도 되는데 그런 입지조건이 좋은 곳을 두고 왜 막대한 경비를 투자해 매립지에 조성하려 한다.

다섯째, 식물생태학, 복원 생태학자들이 배제되었다.

여섯째, 기본계획에 참여한 사람들은 오랜 기간 시와 밀착된 사람들이다.

이렇게 문제점을 지적하고 이어 다음 4개 항목을 질의했다.

첫째, 수목원 조성 전에 지하수, 대기, 토양오염 등을 최소화하기 위해 시민·환경단체가 인정하는 전문가를 참여시킬 수 없는가?

둘째, 시민단체가 추천하는 각 분야의 전문가가 참여하는 한시적인 기구 가칭 '매립장 사후 관리대책위원회'를 구성하자

셋째, 막대한 경비가 들 뿐 아니라, 사후 유지관리에도 시민의 혈세를 낭비할 수 있으니 계획을 취소하고 안정될 때까지 임업시험징으로 활용하는 것이 어떤가?

넷째, 시와 유착된 기존 조경 전문가를 배제하고 생태학적 기초가 참신한 조경인, 생태학자, 도시계획학자 등과 협력할 수 있는가.

이에 우리 임업시험장에서는 질의 1에 대해서 '나무를 심으면 지하수, 대기, 토양, 오염을 줄일 수 있으며, 수목원을 조성하는 것이 오히려 안정화를 촉진시키며 시 자체 인력과 전문가의 자문(諮問)을 받아 완성도를 높이고, 조직 내 토양, 대기, 침출수 관련 공무원으로 타스크 포스를 만들 것이나 필요한 경우 자문을 받도록 하겠으며' 질의 2에 대해서는 '수목원 조성지가 공개된 곳인 만큼 어느 때라도 방문해 문제를 지적해 주면 개선토록 하겠으며,' 질의 3에 대해서는 '수목이나 화훼류를 재배해 본 결과 식물 생장에 지장이 없는 것을 확인했으며 임업시험장이나 수목원은 특별히 다른 점이 없다. 다만 전 면적을 수목원으로 조성하지 아니하고 일부 지역은 시민·환경단체와 합동으로 모니터링 하겠으며', 질의 사항 4에 대해서는 '업무에 참고하여 발전적으로 고려하겠다.'라고 답변서를 보냈다.

제2차
언론 폭탄

1998년 6월 10일 영남자연생태보존회가 발표한 성명서로 1차 언론(TV, 신문, 라디오)으로부터 폭격(?)을 맞고 그 내용과 대책을 정·부시장에게 보고하랴, 현장을 돌보랴, 토론회를 준비하랴 힘들게 보내고 있는데 1998년 6월 27일 00일보(000 기자)

가 지난번보다 더 큰 지면에 '대곡수목원 조성 팽팽한 대립'이란 제목에 '시(市) 유독가스 적어 예정대로 추진·시민단체 침출수 처리 등 다시 원점부터'라는 부제(副題)의 기사가, 이틀 뒤 6월 29일 ○○일보(○○○ 기자)가 '달서구 대곡 매립지 수목원 조성, 시-환경단체 이견(異見) 팽팽, 지반침하, 침출수 문제 등 논란'이라는 제목으로, 하루 뒤인 30일 ○○신문(○○○ 기자)이 대구시의 '조경 사업 생태계 함께 고려해야'라는 제목으로 '대구시 대곡 쓰레기 매립장 수목원 조성 방침, 환경단체, 근시안적 사고 반대'라는 부제로, 같은 날 ○○일보 기자수첩(○○○ 기자)에서 '수목원 조성 줄다리기', 7월 2일 ○○일보(○○○ 기자)는 '대구수목원 조성 타당성 검토 없었다'라는 제목에 '시민단체 시에 공개서 전달'을 부제로 기사화했으며, KBS 1 TV의 시사 고발 프로 '대경 페트롤'에서 계명대학 김종원 교수, 경북대 김용수 교수, 경북대 지질연구소 이진수 연구원, 대구시 이정웅 임업시험장장, 경북대 나정화 교수, 환경운동연합 송필경 대표, 영남자연생태보존회 류승원 이사장이 출연하여 타당성에 대한 공방을 벌리는 등 당시 대구 언론의 주요 이슈가 수목원 조성이라고 해도 과언이 아니었을 만큼 보도가 많았다.

특히, '대경 페트롤'은 수목원에서 흘러나오는 침출수를 어항에 담아 금붕어를 넣어 몸부림치다가 약 50분이 경과히자 죽는 장면을 화면에 담았다.

이 장면을 본 시민들은 충격이 컸을 것이다. '이런 곳에 수목

설계 용역을 맡은 연구소간의 공
개토론회가 지난 26일 오후 5시
관계자 50여명이 참석한 가운데
앞산공원 관리사무소에서 열렸
다.

리가 가능하고 메탄가스의 ~~~
식물의 성장에 악영향을 미칠정
도는 아닌 것으로 조사됐기에 수
목원 조성에는 문제가 있을 수
없다.고 주장했다. 이정웅 대구

달서구 대곡 매립지 수목원 조성

市-환경단체 異見팽팽

지반침하·침출수 문제 등 논란

이날 토론회에서 시민환경단   시 임업시험장장도 「국토재활용

원을 조성한다는 것이 말이 되느냐.' 하는 시민들도 있었을 것
이고 '대구시의 무능하기 짝이 없는 태도에 분노를 느끼는 분
도 있었을 것이다.'

그러나 이 프로는 침출수가 수목원 조성에 어떤 피해를 불러
올 것인지에 대한 이해가 미흡한 상태에서 기획되었다고 할 수
있다. 환경·시민단체가 지적한 문제점은 네 가지였다.

첫째, 유해가스가 발생할 것이다. 둘째, 안정화를 거치지 않
기 때문에 지반침하가 일어난다. 셋째, 침출수가 나온다. 넷째
자연 상태로 그대로 놔들 것이지 막대한 사업비를 투자해 인위
적으로 수목원을 조성할 필요가 있느냐 하는 것이고 그 이외
일부 관(官)과 유착된 교수가 경상북도나 대구시의 녹지. 공원
관련 프로젝트를 독점하고 있다는 것이었다.

그런데도 담당 PD는 침출수에 초점을 맞추었다. 쓰레기가 썩

는 과정에 침출수가 나오는 것은 당연한 사실이다. 그렇다고 수목원을 조성하지 않고 그대로 놔두면 침출수가 나오지 않을까 그렇지는 않다. 수목원을 조성하든 안 하든 침출수가 나오는 것은 마찬가지다.

따라서 6~7m 복토해 수목원을 조성하는데 침출수는 직접적으로 식물생장에 피해를 주지 않기 때문에 쟁점이 될 수 없다. 특히, 쓰레기 높이가 18m이기 때문에 나무나 풀이 뿌리를 뻗어 자라는 데에는 하등 지장이 없다.

구태여 문제를 삼으려고 한다면 침출수가 지하수를 오염시키는 것이 문제다. 그러나 이 역시 우리나라 환경정책과 관련된다. 산업화를 추진하는 과정에서 대기나, 토양, 수질 등 환경문제는 등한시되었다.

이곳에 쓰레기를 매립할 당시에는 폐기물관리에 관한 법이 없었다. 따라서 서울 도심지에 있는 높이 92m의 난지도매립장도 지하수 오염을 방지하는 시설을 하지 않고 매립해 침출수가 그대로 땅에 스며들고 있었다. 그러나 그곳도 대구수목원 완공 1년 후 공원으로 만들어졌다.

1단계 공사 실시

　토론회에서 된다, 안 된다 딱 부러지게 결론을 낸 바 없고 언론에서도 시의 계획을 지지해 준 바 없었지만 토론회 개최와 시의 답변서 제출로 어느 정도 이해의 폭이 넓어졌다.

　임업시험장에서는 환경·시민단체의 의견 중 불요불급한 시설을 배제하고, 사업비를 축소하는 등 어느 정도 의견을 수렴하고 1단계 실시설계 용역을 발주하고 1998년 9월 17일 시청 상황실에서 시장을 모시고 보고회를 개최했다.

　전체 면적의 일부인 56, 230㎡(17,040평)에 98년도에는 9억 원의 사업비를 투입하여 절토 및 성토와 배수관 설치, 관찰로 포장, 수생식물원 조성하고, 이듬해 99년도에는 11억 6천만 원으로 진입도로 250m와 수목식재 은행나무 외 220종 12,344그루, 수목 이식 소나무외 39종 1,248그루, 초화류 식재 금낭

1단계 공사를 실시하기 전 실시 내용을 검토하는 용역 보고회(1998.9.17). 이 자리에서 문희갑 시장은 식물이 보다니 새로 등 세계적인 수목원을 참고해 잘 만들라고 주문했다.

화 외 236종 32,380포기, 잔디 줄 때 33,216㎡, 파고라, 장승, 자연석 쌓기 보안등 등을 식재하거나 설치하기로 한 계획이다.

참석자로 시에서는 도시국장, 환경정책담당관, 공원녹지과장, 임업시험장장이 외부에서는 경북대학교 김용수, 대구가톨릭대학교 엄붕훈, 경주대학교 조용기, 영남대학교 김용식 교수 등이며 보고자는 설계자인 Korea Landscape 이제화 소장이었다.

수목원 조성을 지시하시고 인력보강과 재정을 지원해 주면서 이 일을 주도했던 문희갑 시장이 많은 질문을 하고 그에 따른 조치를 지시했다. 기록은 지방임업주사보 이한중이 담당했다. 문 시장의 주요 지시 내용은 다음과 같다.

· 인공적인 가미보다 자연적인 상태를 유지하여 한택수목원처럼 거수목을 심어 숲이 우거지도록 해야 한다.

· 시드니 보타니 가든 등 세계 최고의 식물원이라고 하는데 독립적인 구성을 지양하고 연결성 있게 동선을 구성해야 할 것이다.

· 해외 유명한 곳의 수목원을 가 보아도 동선이 잘 연결되어 있는 곳이 좋더라. 세계적인 수목원 조성 계획을 참고하여 보기 바란다.

· 청사는 주변과 조화되도록 건립되어야하며 기본적으로 수목원에는 숲이 우거져야하며 시설물은 너무 많지 않는 것이 좋다.

· 시민들이 들어와서 자기가 보고 싶은 곳을 가 보는 곳으로 구성되어야 하며 식물원은 식물과 나무가 대부분이고 동선도 보이지 않아야 한다. 또한 나무 종류가 너무 많다. 들어가는 입구에 나무가 많아야 하나 사무실과 기타 시설물이 있으니 나무 심을 곳이 적지 않느냐?

· 건물과 길이 너무 넓어 숲이 우거진 느낌이 없으니 검토하기 바란다.

· 첫 인상이 울창해야 한다. 17,000평에 너무 많은 것을 조성하려고 하니 울창한 느낌이 없다.

· 주변 산을 앞으로 이용하려 하는데 나무를 그대로 두고 계획을 세워야 한다. 또한 잔디광장에도 거수목을 심어야 어린이들이나 시민들이 나무그늘 밑에서 쉴 수 있도록 휴식 공간을 만들어야 한다. 기본 계획을 수목원 개념에서 공원 개념으로 바꾸어야 하는 것 아니냐?

· 청사 주변에 플라타너스를 식재하여 외부에서 보이지 않도록 검토하기 바라며, 원내 도로가 너무 넓은 것 같으니 최소한 작업 차량만 다닐 수 있도록 하고 수목을 식재하는 것도 검토하기 바란다.

· 청사 입구 도로에는 거수목을 식재하고 청사 건물에는 담쟁이덩굴로 피복하도록 검토하라.

· 쓰레기매립지라는 여건 때문에 묘목을 심는 것도 이해는 가지만 30년 이상이 되어야 거수목이 되는데 짧은 기간 내 수목원 같은 작품이 만들어질 수 있도록 검토하고 파고라 같은 시설물도 조화가 될 수 있는 것으로 선택하기 바란다.

· 오늘 모두들 수고 많았다. 전반적으로 요약해 보면 출입구의 장미원을 없애고 청사 주변은 거수목으로 차폐하며 담쟁이덩굴로 피복하고, 원내 도로는 최소한 작업관리에 필요한 만큼 폭을 조절하고 관찰로는 자연스럽게 관찰로를 만들고, 수생식물원은 다리를 놓아 관찰토록 하고 등의자, 파고라 등은 주변 환경과 예술성을 감안 설치하고 직원과 일반인의 차량은 원내에 진입하지 못하게 하라.

다양한 주문과 지시를 해 설계에 반영하여 그대로 시행했다.

경제전문가로 알려졌지만 수목원에 대해서도 식견이 높음을
알 수 있다.

생태공원화 사업으로
일시 변경

97년부터 2001년까지 5년에 걸쳐 수목원 조성에 필요한 경비
를 총 121억 6천 7백만 원으로 계상했었다. 그러나 환경·시민
단체가 지나치게 많은 예산을 투입한다하여 88억 1천 1백만 원
으로 조정하였다.

그러나 조정하였다 하더라도 이 돈은 적은 돈이 아니었다. 이
왕이면 국비를 더 타오기 위해 97년 5월 8일 산림청을 방문하
였다. 그때 산림청 실무자는 정부 계획상 경기도에 조성하기로
했으며 대구시는 당초 계획에 없었기 때문에 지원해 줄 수 없

대곡 쓰레기 매립장
생태공원화 사업

환경부로부터 국비를 지원받기
위해 일시적으로 생태공원화 사
업으로 목적을 변경했다.

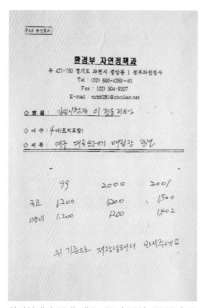

환경부에서 보낸 팩스. 99년 12억, 2000년 12억, 2001년 15억 등 총 39억 원을 지원하겠다고 내려했다.

다고 했다.

이미 부지(대곡 쓰레기 매립장)를 확보한 상태이기 때문에 새롭게 부지를 구입해 조성하려는 경기도보다 더 순조롭게 진행될 수 있는 이점이 있으므로 계획을 변경해 대구시에 지원해 줄 것을 요구했다.

그래서 변경된 계획으로 98년부터 2001년까지 매년 3억 7천 5백만 원씩 합계 15억 원을 지원 받기로 했다.

그러나 이 정도에 만족할 수 없어 김돈희 국장과 함께 재경원 농림·해양예산담당관실을 찾아 갔다. 그러나 당시 중앙정부 공무원들이 다 그러했듯이 얼마나 콧대가 높은지 앉으라는 말도 없이 한마디로 신규 사업은 안 된다고 해 그냥 돌아올 수밖에 없었다. 이 사실을 정·부시장께 보고하고 이번에는 과천정부청사 환경부를 방문하기로 했다.

쓰레기 매립지에 수목원을 조성하는 것은 전국 최초 사업이기에 님비현상으로 각 지자체가 매립지를 구하기 어려운데 이렇게 환경을 개선하면 좋은 선례가 되어 쓰레기 매립 정책에 획기적인 변화를 가져올 수 있는 좋은 사업이라는 점을 강조했다.

그때 환경부 장관은 고령 출신이자 수목원이 있는 달서구를 선거구로 했던 최재욱(崔在旭) 장관이었다.

계획서를 들고 고향 후배인 정재관 주무관의 안내를 받아 폐기물 관련과 등 몇 개 과(課)에 설명했으나 대체로 부정적인 반면에 자연정책과가 서류를 받고 검토해 볼 터이니 내려가 있으라고 했다. 그때 자연정책과장은 손희만, 환경사무관은 한희정이었던 것 같다.

그 후 환경부 자연정책과에서 대곡수목원 조성 기본 계획을 '대곡생태공원화 사업'으로 명칭을 바꿔 보내 달라고 했다. 왜냐하면 수목원 조성은 산림청업무이기 때문에 환경부가 지원하는 것은 부처 간 업무 분장에 맞지 않는다는 것이었다. 그러나 업무 내용은 유사해 겉 표지만 바꾸어 환경부에 다시 제출했다.

이로써 99년 12억, 2000년 12억, 2001년 15억 총 39억 원의 국비를 보조 받게 되었다. 최재욱 장관은 물론 동향인 박병련 행정부시장 또 부정적이었던 다른 과장과 달리 적극적으로 지원해 준 손희만 자연정책과장의 도움이 컸다.

손희만 과장은 고향이 성주 초전으로 육군사관학교를 나왔으며 그 후 환경부 자연보전국장, 한강유역환경청장을 역임했던 분이다.

대구수목원
개원開園

1996년 10월 10월 양묘사업소장으로 부임하여 임업시험장장을 거치면서 지금의 이름 대구수목원과 달리 양묘사업소 묘포장, 대곡수목원, 생태공원화 사업 등으로 과제를 바꾸며 마침내 수목원이 완성되었다.

그 와중에 인근 주민과 환경·시민단체의 반발, 언론의 부정적인 보도 등을 극복하며 1단계 공사를 발주하였으나 완공을 보지 못하고 1999년 6월 8일 대구시 녹지과장으로 승진과 동시에 자리를 옮겼다.

사실 그때 심정은 4급으로 승진이 되지 않더라도 수목원 조성을 다 마치고 퇴직하고 싶었다. 시골 출신으로 9급에서 출발해 5급까지 올랐다면 그래도 출세했다고 생각하고 있었기 때문이다. 또 남들이 뭐라고 하더라도 이 사업은 성공할 수 있다는 확신이 있었으며 어려운 일에 부딪칠 때마다 하나씩 해결해 나가는 즐거움도 있었다.

나에게는 두 개의 멍에가 있었다. 하나는 아버님의 말씀이고 또 다른 하나는 태어난 해였다. 농사일로 한평생을 보내신 아버님은 비록 정규교육은 받지 못했지만 나에게 바른 공무원이 되기를 늘 말씀하셨고, 1945년에 태어난 해방둥이는 왕조시대나 식민지시대 즉, 구시대의 백성 위에 군림하는 공직자와 달리 자유민주주의 시대에 걸 맞는 백성의 공복이 되어야 한다는 생각이 늘 지배해 왔기 때문이다.

이 개원은 1995년 3월 27일 쓰레기 매립장을 묘포장으로 사용해도 좋다는 조해녕 시장의 결재를 받은 지 7년째이고, 1997년 4월 7일 문희갑 시장이 수목원을 조성하라는 지시를 마무리하기까지는 무려 5년이 걸렸다. 황량했던 쓰레기 매립장이 푸름이 넘치는 공간으로 변모했다. 그해는 월드컵으로 지구촌이 들떠 있던 때이기도 하다.

기본계획수립, 토론회 개최, 언론보도 대응, 국비 획득을 위한 노력 등 일련의 일들은 사실 기획부서인 본청에서 해야 할 일들이다. 그러나 직접 하는 것이 낫다는 생각이었다.

대구수목원 개원 초청장. 국립수목원장 등 1,200명을 초청했다.

이런 우여곡절을 겪는 수목원이었기에 개원식도 내가 직접 주관하고 싶었다. 시장의 일정 잡기, 초청인사의 범위 확정, 시장이 읽을 개원사(開園辭) 작성, 초청장 제작과 배부 등을 담당할 인적 자원이 아무래도 수목원관리사무소보다 본청이 낫다고 여긴 점도 있었지만 내 노력의 결정체라고 할 수 있는 수목원이었기에 더 욕심이 생겼기 때문이다.

2002년 5월 3일 (금) 10시~12시에 잔디광장에서 역사적인 개원식을 했다. 의회 이수가 의장, 국립수목원 이원열 원장, 대구문화방송 이긍희 사장을 비롯한 언론계 인사, 구청장, 군수, 각 시도 산림과장, 시민 및 직능단체 대표, 임업직 가족 등 모두 1,200여 명을 초청했다. 그러나 그날따라 날씨가 흐려 옥에 티가 되었다.

언론의 칭찬

영남자연생태보존회가 수목원을 조성해서는 안 된다는 성명서 발표 이후와 시민·환경단체연대와 토론회 이후 2차례에 걸쳐 언론으로부터 집중 포화를 맞았다. 그러나 영남자연생태보존회와 시민단체의 의견 중 가능한 것은 수렴하면서 수목원 조성은 차질 없이 진행됐다.

그 후 윤곽이 어느 정도 가시적으로 나타나자 맨 처음 비판적인 기사를 썼던 영남일보가 2002년 4월 20일 '악취·먼지·파리·모기 득실 대곡동쓰레기 매립장' '자연이 숨 쉬는 수목원 변모'라는 기사에 '나무 6만 그루·초화류 13만 포기·내달 3일 개원, 21개 테마별로 조성·자연학습 기회 제공(이재윤 기자)'이라는 부제로 보도했고, 개원하던 날인 2003년 5월 3일 '자유성'에는 다음과 같은 칼럼이 실렸다.

'오늘(3일)대구수목원(대구시 달서구 대곡동)이 문을 열었다. 대구수목원은 원래 86년부터 90년까지 410만 톤의 생활쓰레기를 내다버린 쓰레기매립장이었다. 쓸모없고 썩은 냄새만 진동하던 쓰레기 매립장이 6만여 그루의 나무와 13만 포기의 초화류가 심어져 있는 수목원으로 바뀐 것은 전국에서 처음이다. 현재 7만 4천여 평이지만 2008

년까지 15만 3천 평으로 늘어나는 수목원은 시민들에게는 휴식공간이고, 어린이와 청소년들에게는 자연학습공간이며, 연인들에게는 신선한 데이트 코스다. 또 전국 최대의 약용식물원이니 약령시 활성화에도 기여할 것이다.

버려진 쓰레기 매립장을 지금의 수목원으로 바꾸는 데 많은 이들이 정성을 기울였지만 당시 임업시험장 장이었던 이정웅 대구시 녹지과장의 정성이 돋보인다. 그때 주민들은 대구시가 수목원을 만든다는 것을 믿지 못해 공사 진입로를 막고 시위를 하는 등 거센 반대를 했다. 그것을 물

리력을 동원하지 않고 일일이 설득하고 오히려 주민들의 적극적인 지원을 받아냈다. 한 공무원의 나무 사랑이 시민 전체에 맑은 공기를 선사한 것이다. 그의 나무 사랑도 진정한 신기술이 아닐까 싶다. 수목원 내 볼거리 가운데 특히 정주진 씨가 기증한 선인장, 박상옥 씨가 기증한 분재, 문기열 씨가 기증한 수석들은 평생 수집하고 애지중지 가꾸어온 것들이어서 더욱 뜻깊다.'라고 실명까지 거론하며 칭찬해 주었으며 같은 날 또 매일신문은 '전국적 주목 받는 쓰레기장 녹화'라는 제목으로 사설을 발표했다.

"지구의 식물자원은 인간의 무분별한 개발 등으로 상처를 입

고 있다. 멸종되거나 고갈 위기에 놓인 자원이 해마다 늘고 있어 '지구 황폐화'에 대한 우려의 목소리가 높다. 녹지공간의 부족으로 자정능력을 잃어가고 있는 세계 여러 도시는 이의 확보가 대명제(大命題)다.

3일 문을 연 대구시 달서구 대곡동의 대구수목원은 도심 녹지 공간 확보와 성공한 토지 재활용이라는 점에서 전국적인 주목을 받는다. 이 지역은 지난 86년부터 5년간 410만 톤의 생활 쓰레기를 묻은 '대곡쓰레기 매립장'이다. 96년부터 복토공사를 벌여 7년 만에 도심 속 나무공원으로 우리 앞에 성큼 다가온 것이다.

악취와 파리 등이 들끓던 곳이 꽃과 나무로 뒤덮인 도심형 수목원(7만 4천 800여 평)으로 변했다. 앞으로 자연학습의 장은 물론 시민들에게 쉼터를 제공하는 녹지공간의 역할에 기대 또한 크다."

또 같은 날 일반기사로 '쓰레기장이 생태공원 부활(강병서 기자)'이라는 제목으로 보도했다.

끝이 좋으면 다 좋다는 말이 있지만 너무 오래 만에 만나는 반가운 기사들이다. 그동안 고생했던 일들이 주마등처럼 지나갔다. 사실 언론이나 공무원은 다 같이 보다 나은 사회를 만들어가는 것이 목적인 동반자라는 생각을 했다. 그런데도 공정성보다는 친 시민단체의 입장에서 보도한 기사가 많았다. 그러나 늦게라도 긍정적인 보도를 해주어 너무 고마웠다.

대구수목원 개원식
경과보고서

대구수목원 조성 경과보고를 드리겠습니다.

이곳은 부지 74,000평으로 지난 86~90년까지 대구시민의 생활쓰레기 410만 톤이 18m 높이로 묻힌 채 방치되어 악취와 먼지, 해충들 때문에 인근 주민들의 불편과 민원을 초래하던 혐오 시설이었습니다.

그러던 차 민선 시정부가 들어선 96년 8월 두류공원 부지에 임시로 사용하던 양묘사업소를 옮기기로 결정하고 식물이 잘 자랄 수 있도록 지하철 등 대형 공사장에서 발생되는 건설 잔토를 150만㎥를 활용 평균 5~6m 높이로 복토하던 중 97년 6월 문희갑 시장께서 수목원을 조성하라는 지시를 하게 됨에 따라 동년 10월에 경북대학교 환경녹지연구소에 타당성 검토를 위한 용역을 시행하여 98년 1월에 기본계획이 완성되었습니다.

98년 3월 1단계 공사를 위한 실시설계 용역이 발주된 상태에서 수목원 관련 내용이 언론에 보도되자 일부 환경단체에서 유해가스발생과 지반침하 등으로 수목원 조성이 현실성 없는 계획이며 예산만 낭비할 것이라고 주장하여 용역이 일시 중단되었으며 이에 따라 같은 해 6월에 환경단체 관계자들을 초청하여 공개 토론회를 가지는 등 대화와 설득을 통해 이해시키고 11월까지 용역을 완료하여 드디어 12월에 22억 원의 예산으로

장과 보고는 짧자기 했다. 개원에 대한 감회가 남달랐기 때문에 직접하고 싶었다.

1단계 공사를 시작하여 잔디광장과 약초원, 습지원 등 소원(小園)조성과 침출수를 처리하기 위한 관로매설, 매립가스분출공 설치 등을 하였습니다.

1단계 용역 과정 중인 9월에 전국에서 처음으로 쓰레기 매립장을 수목원으로 복원하는 사업이므로 환경부에 99년~2001년까지 3개년에 걸쳐 39억 원의 국비를 지원해 줄 것을 요청하여 11월에 확정을 받았습니다.

99년 7월에는 24억 원(시비 12억, 국비 12억)의 예산으로 2단계 공사를 시작하여 진입로 개설과 주차장 설치, 청사 주변 조경 등을 하였으며, 이때부터 부분적으로 일반 시민들에게 개방하기도 하였으며 또한 2000년 9월에는 3단계 사업으로 24억 원(시비 12억, 국비 12억)의 예산으로 약용식물원, 방향성식물원, 등 소원조성과 화장실 1동, 음향 및 가로등 시설을 하였으며 행정자치부 국비 4억 원을 지원 받아 무궁화원도 조성하였습니다.

마지막으로 2001년 7월에 29억 원(시비 14.5억, 국비 14.5억)을 투자한 4단계 공사를 시작하여 죽림원, 괴석원, 염료식물원 등 소원 조성과 화장실 2동 각종 안내판 등을 설치하였습니다.

이상과 같이 대구수목원은 96년 처음 복토 공사를 시작으로 6년 간 총 사업비 103억 원(시비 60, 국비 43)을 투자한 조성 공사를 마치고 마침내 오늘 개원식을 갖게 되었습니다.

수목원 내에는 23개 테마별 소원이 있으며, 400종 6만 그루의 나무와 800종 13만 포기의 초화류 등 총 1,200종 19만 포기의 식물이 식재되어 있습니다.

아울러 200여 종 1,000포기의 선인장과 200여 점의 분재, 300여 점의 수석 등 시민들의 기증품이 전시돼 그야말로 민과 관이 함께 만든 대구수목원이 탄생한 것입니다.

이상으로 대구수목원 조성 관련 경과보고를 마치겠습니다.

문희갑 시장의
개원사 開園辭

싱그러운 신록과 고은 꽃들이 눈부시게 아름다운 계절의 여왕 5월을 맞아 오늘 대구수목원이 6년간의 조성 사업을 마치고 개원하게 된 것을 시민들과 함께 기쁘게 생각하며, 또한 깊은 감회를 느낍니다.

바쁘신 데도 불구하고 수목원 개원을 축하해 주시고 행사에 참여해 주신 내빈 여러분께 먼저 깊이 감사드립니다. 그리고 불철주야 정성을 다해 수목원을 가꾸어 오신 설계 · 시공사와 수많은 근로자, 그리고 수목원 전 직원에게도 감사의 말씀 드립니다.

시민 여러분께서 찾아오신 이곳 대구수목원은 과거 410만 톤의 생활쓰레기가 18m 높이로 묻힌 채 방치되어 오던 곳으로 악취와 먼지, 해충들 때문에 인근 주민들의 불편과 민원을 초래하던 혐오시설이었습니다.

그렇게 버려졌던 이곳에 지난 96년 복토 사업과 함께 수목원이 조성되기 시작하였습니다. 열악한 시 재정에도 불구하고 시비 60억 원과 국비 43억 원 등 총 공사비 103억 원을 투입하여 전국 최초의 쓰레기 매립장 위에 수목원이 된 것입니다.

당초 주민들의 오해와 일부 환경단체의 반대로 한때 중단 위기도 겪었습니다만, 대화와 설득을 통해 공사를 재개한 지 5년 만에 이렇게 뜻 깊은 개원을 맞게 된 것입니다.

우리 시의 경사일 뿐만 아니라, 도시환경운동의 새 기원을 이룩한 쾌거라 할 수 있습니다. 74,000여 평의 넓은 부지에 총 1,200종 19만 포기의 식물을 식재한 아름다운 수목원은 향토 식물자원의 종 보전에 크게 기여함으로써 앞으로 BT산업발전에 큰 몫을 할 것이며 800여 종의 약용식물은 약용식물 종 보

개원사는 수목원 조성을 지시하고 행·재정적 지원을 아끼지 않았던 문희갑 시장이 했다. 수목원 조성은 대구가 그린시티로 자리매김하는데 이바지하고 대구의 위상을 한 단계 높였다고 강조했다.

전은 물론 약령시의 활성화를 돕고 대구가 한약업의 메카가 되는데 크게 이바지하게 될 것입니다.

특히 이곳 수목원은 내 나무 갖기 운동에 참여하여 많은 시민들이 자기 이름의 나무를 심어온 꿈과 희망의 동산이며, 미래의 주역인 우리 학생들이 자연과 식물을 배울 학습장으로도 널리 활용될 것입니다.

덧붙여 말씀드리자면 이국적인 정취를 물씬 풍기는 선인장 온실에는 국내에서 가장 많은 200여 종의 선인장이 꽃을 피우고 있고, 소나무, 매화, 소사나무 등을 소재로 한 200여 점의 분재원과 300여 점의 수석 등 3대 볼거리들은 모두가 시민들의 기증품으로 수집돼 대구수목원은 그야말로 민과 관이 함께 만든 시민의 공간으로 탄생한 것입니다.

文喜甲 市長
記念植樹
2002 5 3

문희갑 시장의 기념식수와 표석

그동안 정성껏 나무를 심어주시고 애장품을 흔쾌히 기증해 주신 시민 여러분께 이 자리를 빌어 심심한 감사의 말씀을 드립니다. 앞으로 국내는 물론 국제적인 수목원으로 만들어 간다는 원대한 계획 아래 2003년에서 2005년까지 3년간 80여 억 원을 더 투자하여 생태학습관과 산림박물관을 건립하기 위해 우선 내년도에 설계용역비를 지원해 주도록 중앙부처에 요청해 놓고 있습니다.

오늘 수목원 개원을 계기로 우리 대구는 명실공히 그린시티로 자리매김하게 되었으며, 도시의 위상을 한 단계 더 높였다고 할 수 있습니다. 그동안 수목원 조성을 위하여 혼신의 노력을 다해 주신 설계, 시공사 관계자 여러분과 관계 공무원들의 노고에 다시 한 번 감사드리며 수목원을 찾아와 축하해 주신 각급 기관 단체장과 시민 여러분께도 거듭 감사의 말씀을 드립니다. 감사합니다.

우리나라 천연기념물 제1호의 2세목

대구수목원 내 산림문화전시관 양쪽에 한 그루 씩 측백나무가 있다. 이 나무는 '도동 측백나무 숲'의 제2세다.

잘 알려져 있다시피 도동 측백나무 숲은 우리나라 천연기념물

도동 측백나무의 2세. 대구가 자랑스러운 점이 여러 가지지만 그중에 우리나라 천연기념물 제1호를 품고 있다는 점도 그중 하나이다.

제1호이다. 국보·보물과 더불어 귀중한 문화재이다. 이런 문화재가 대구에 자라고 있다는 것은 시민의 자랑이다.

따라서 후계목을 양성해 각 학교에 보내 자라나는 2세들의 학습 자료로 활용되게 하고, 이런 문화재를 품고 있는 우리 고장을 자랑스럽게 여기도록 하고 싶었다.

또 다른 이유는 혹시나 있을 불행한 일 즉 산불이나 병해충의 피해 등에 대비하고 싶었다. 그때 양묘을 담당했던 신용택 씨에게 종자 채취를 지시했었다.

그러나 자라고 있는 곳이 너무 가팔라서 나무 밑에 떨어져 있는 것을 주워 올 수밖에 없었다고 했다. 그래서 이 나무는 씨를 주워 키운 몇 그루 중 하나이다.

구내식당의 벽지

청사를 건립할 때 미리부터 지하에 구내식당을 배치했다. 당시만 해도 외딴 곳이라 주변에 식당이 없었기 때문이었다. 벽지(壁紙)는 사진과 같이 외국의 아름다운 공원 그림을 사서 붙였다.

일반 벽지를 파는 집에서는 구할 수 없어 당시 이해경 관리계장이 화방(畵房)에 가서 골랐다.

특별히 이 벽지를 고집한 이유는 직원들이 식당을 이용할 때마다 이 그림벽지를 보면서 우리 수목원도 이처럼 아름답게 꾸며야겠다는 각오를 마음에 담도록하기 위해서였다.

세월이 지난 지금 인근에 정부종합청사가 들어서면서 식당은 폐쇄되어 창고로 이용하고 있다. 그러나 색은 바래지고 낡았지만 벽지는 그대로 있어 감회가 새로웠다.

밥을 먹을 시간 동안이라도 이 그림을 보며 수목원을 잘 만들려는 마음을 가지도록 이 벽지를 선택했다.

청사 입주 고유문告由文

IMF로 시공사가 부도나서 공사가 중단되기도 했고, 모양이 너무 관공서 냄새가 난다고하여 부수고 새로 지으라는 시장의 지적도 있었지만 그러나 공사는 계속되어 청사(廳舍)가 완공되었다.

1998년 12월 쌀쌀한 날씨에도 불구하고 이삿짐을 다 옮기고 입주하는 23일 고사(告祀)를 지냈다. 그때 집이 가창이었던 김원량 주무관이 마을 소유 풍물을 빌려와 지신밟기도 했다.

나는 제문을 초안하여 작가인 신백호 님에게 검토해 보라고 하여 완성했다. 이 제문(祭文)은 아직도 3층 소장실 입구에 걸

너무 관공서 풍이라 하여 헐고 새로 지으라는 지시도 있었다.

려 있다. 필자 이후 황병윤, 강점문, 이우순, 김희천, 남정문, 이영철 등 6명의 소장이 거쳐 갔고 햇수로는 19년째 이것만 그대로 걸려 있다.

수목원을 방문할 때마다 슬쩍 보면서 감회에 젖기도 한다. 떼어버리지 않고 그대로 붙여둔 후임 소장들이 고맙기 그지없다. 제문은 다음과 같다.

천지신명께 드리는 글

어허.
굽어 살피소서
천지신명이시여
임업시험장 한 가족은 10여 년의 두류공원 시절을 마감하고
오늘에사 드디어
이곳 한실리 신청사에 입주하게 되었나이다.
한 시절을 새로 여는 것이 어디 절로 되었으리오만
그동안 이 일을 이루기 위하여
온 가족이 겪어야했던
힘들고 고달픈 점 훌훌 털어버리고
머리 숙여 감사합니다.
그러나 아직은 이루고 해야 할 일이 많아

또다시 출발점에 서 있는 저희들은

이 사업이 선조들이 물려준 삶의 터전을 잘 가꾸고

우리들의 귀여운 자녀들이 꿈을 펼치고 있는

달구벌의 위상을 한 단계 높이는 작업이라는 면에서

긍지와 보람을 가지고 겸허한 마음으로 엎드려 바라오니

천지신명이시여 용기와 지혜를 주소서

대구 최초의 수목원 조성에 참여한 우리는

훗날 이곳이 아름다운 숲이 되어

시민들의 사랑받는 공간이 될 것을 확신하며

풀 한 포기, 나무 한 그루라도 정성들여 심고 알뜰하게 가꾸어

세월이 갈수록 더 사랑받는 곳이 되도록

열과 성을 다할 것을 간절히 발원하며 다짐합니다.

천지신명이여 제 신들이여

이 잔을 받으시고

가족들의 안녕과 건강을 두루 보살펴 주소서

1998. 12. 23.

이정웅, 이해경, 전상렬, 이의수, 최종출, 이한중, 장승환, 김원량, 신백호, 이상규, 조일영, 강신구, 유성태, 배상택, 이광식, 홍상곤, 이태선, 윤길수, 윤상천, 신영진, 김석용, 김희근, 최태성, 김주희

이상의 24명의 명단은 입주 당시 함께 근무했던 직원들의 이름이다. 현재 근무하고 있는 신백호, 유성태 두 분을 제외한 다른 분들은 모두 수목원을 떠났다.

2012년은 개원 10주년인데 이때 한번 모여 그때 힘들여 조성한 수목원이 대구의 새로운 명물로 자리 잡은 것을 기뻐하지 못한 것이 못내 아쉽다. 20주년이 되는 해는 너무 멀고 15주년이 되는 2017년에는 다 모여 얼굴이나 한번 보고 싶다.

고유제 시 헌작하는 모습. 가운데 앉은 사람 필자. 뒷모습 첫 번째 이의수 계장, 두 번째 김원량 주무관, 술을 따르는 사람이 고 장승환 님이다.

잔디광장의 플라타너스

달성군 관내 폐교에서 가져온 플라타너스

　수목원을 조성하면서 많은 나무를 심었지만 특별한 이야기를 간직한 나무도 몇 그루 있다. 잔디광장의 플라타너스도 그중 하나이다. 달성군 관내 폐교에서 가져왔다. 달성교육지원청의 협조로 가져올 수 있었다. 그런데 이 옮기는 작업이 알려지면서 당시 박경호 달성군수가 군청 녹지 공무원들을 나무랐다고 한다. 그 역시 나무를 많이 심은 분이다.

　관내에 있는 좋은 나무를 수목원 소장은 교육청과 협의해 대구 시내로 옮겨 심는데 달성군 녹지 공무원들은 어찌 그런 생각을 하지 못 했느냐고 질책을 했다고 한다.

가을이 되니 시가지에 심은 플라타너스와 달리 단풍이 예쁘게 들었다. 플라타너스의 본래 자태는 이런 모습이라는 것을 과시하는 것 같기도 하다.

청사 외벽의 송악

수목원 청사는 수목원의 분위기에도 맞지 않고, 예술성도 고려하지 않는 전형적인 직사각형의 관공서 건물 형태로 건립되었다.

청사를 친환경적으로 가꾸라는 지시에 따라 심은 청사 벽면의 송악

20여 년 전 그때 관공서라면 의례히 사각형으로 지어야 한다는 풍토도 한몫했지만 원래는 수목원이 아니고 임업시험장 청사로 지어져서 더욱 그렇다.

두류공원 내(현, 관광정보센터)에 있다가 이곳 달서구 대곡동으로 옮기려고 하니 개발제한구역이라 임업시험장이라는 이름이 아니고는 건물을 지을 수가 없었다.

 따라서 양묘사업소에서 임업시험장으로 이름을 바꾸고 이곳에 들어왔다. 그 후 대구수목원으로 개명해 오늘에 이른다.

 이런 사각형의 전형적인 관공서 건물을 본 시장은 허물고 새로 지으라고 지시했으나 막대한 예산, 멀쩡한 새 건물을 짓고 아직 입주도 하지 않은 상태에서 허는 것은 법(法)상 불가능하다고 보고하자 그렇다면 벽면은 담쟁이덩굴 등으로 피복하고 앞에 큰 나무를 심어 노출을 최대한 억제하라고 했다.

 현재 청사 북쪽의 두릅나뭇과의 상록 덩굴나무인 '송악'은 그때 심은 것이다. 지금도 이어지고 있지만 그때 벽면(壁面)녹화용으로 송악을 많이 생산하여 구·군 사업소에 보급했다. 부착 능력이 담쟁이덩굴보다 떨어지는 흠이 있지만 복사열을 저감시켜 열대야를 예방할 수 있고 겨울철에도 벽면을 푸르게 해 도시 미관 향상에 크게 기여하고 있다.

습지원

 수목원을 계획하면서 야생화원이나 약용식물원을 주제로 하되 습지(濕地)도 크게 만들고 싶었다. 습지는 육상에서 자라는 식물 이외 수생식물은 물론 파충류, 양서류, 수서곤충, 새들의 놀이터가 되어 생물의 종이 다양해지고 풍부해지기 때문이다.

쓰레기 매립장이라는 특수성 때문에 큰 습지를 조성하지 못했다.

그러나 지반이 쓰레기 더미이기 때문에 쓰레기가 썩으면서 조금씩 땅이 꺼지는 이른 바 침하(沈下)현상이 일어날 우려가 있어 최소한에 그쳐야 했다. 이 축소 계획은 환경·시민단체의 주장을 반영한 것이기도 하다.

 가장 남쪽 끝 부분 현재 정자가 있는 쪽 산과 연접해 있는 곳은 수목원과 단차가 커서 움푹 꺼져 있는 곳이다. 그곳을 습지로 만들 생각이었으나 그때에는 조성하는데 급급한 나머지 훗날로 미루었다.

 수목원 초입 습지는 그래서 최소한 작게 조성했으며 다만 바닥을 고무로 만들어 땅이 꺼지면 저절로 늘어나도록 한 것이 특징이다.

문기열 선생과 수석壽石

  평생을 수집하고 애장하던 수석을 기증한 문기열 님은 이력이
매우 독특한 분이다.

  젊은 시절 여러 가지 사업을 하면서도 수석의 매력에 빠져
청송, 문경, 단양 등 전국의 수석 산지는 물론 중국, 일본 등
외국까지 나가서 수집할 정도로 탐석에 열정을 기울여 양적
으로도 많이 모았지만 특히, 12지상(十二支像), 사군자(四君
子) 등 질적으로도 희귀한 형상석(形象石)도 소장하고 있는
분이다.

  특히, 우춘(雨春, 文其烈 님의 雅號) 선생은 중국, 일본의 수
석 애호가는 물론 호남을 대표하는 예술가이자 남종화(南宗畵)
의 대가 남농(南農) 허건(許楗) 선생과도 교분을 쌓았고 영남을
대표하는 서예가 죽농(竹農) 서동균(徐東均) 님과도 허물없이
교유했던 예술적 감각과 식견도 높으신 분이다.

  남농과 죽농이 우춘 선생의 수석 전시실에서 우연히 만나 한
장의 종이에 각기 그림을 그려 하나의 작품이 되도록 부탁했더
니 두 분께서 그림을 그려 놓고도 서로 낙관(落款)을 먼저 하지
않으려고 했다. 이른바 자존심 대결을 벌였다고 한다. 이어 우
춘이 중재하여 나이가 여섯 살 아래인 남농(1908~1987)이 먼
저 하고 죽농(1902~1978)이 나중에 했다는 일화를 간직한 작
품을 소장할 정도로 멋을 아는 분이다.

수석에 관한 일로 목포(木浦)를 방문하면 남농께서 그 고장 출신으로 당시 한국 가요계를 대표하던 가수 이난영을 불러 노래와 술로 여흥을 즐겼던 이야기 등 호남의 예향 목포와 경상도의 심장인 대구를 오가며 두 분이 맺어 온 인연 등의 비화(秘話)는 오늘날의 시점에서 보면 믿어지지 않을 만큼 흥미롭다.

　일면식도 없었던 우촌 선생과 인연을 맺어준 것은 지역 일간지 영남일보였다.

　지금은 발행하고 있지 않지만 그때에는 주말영남이 발간되었다. 그 신문의 인물 초대석에 수석 애호가 우촌 선생이 소개되고 인터뷰 말미에 원하는 공익기관이 있다면 기꺼이 기증하겠

수석진시실. 당초와 달리 독립된 전시관을 만들지 못해 아쉬웠다.

다는 의사를 밝혔다.

　나는 그때 수목원을 기획하고 있던 때였으니 좋은 사안일 수 있구나 생각하고 신문을 오려 책상 서랍 속에 간직해 두었다.

　마침내 착수 단계에 들어가자 신문을 꺼내들고 우춘 선생의 전시실을 찾았다. 한 점 한 점 추억과 손때가 묻은 소장품을 시민들을 위해 기증하겠다는 보도 내용은 사실 그때 기자의 질문에 건성으로 대답한 것일 뿐 막상 이렇게 찾아올 줄은 미처 몰랐으며, 가족들과 협의해 볼 터이니 시간을 달라고 했다. 얼마 후 승낙한다는 연락이 왔지만, 목소리를 듣는 순간 오히려 내 마음이 더 무거웠다.

수석 기증자 우춘 문기일 선생을 기리는 표석

그분의 고귀한 뜻을 어떻게 기리는 것이 현명할까 하는 생각으로 오히려 중압감이 머리를 어지럽혔다. 우선 기증한 작품이 제대로 전시되도록 하기 위해 목포시가 운영하고 있는 수석 전시관을 직접 가 보기로 했다. 목포시는 남농이 기증한 수석을 중심으로 수석 전시관을 운영하고 있었다.

설계를 맡은 이제화 박사, 전시관을 디자인할 건축가 장원열 선생, 담당자 김장길 주임, 우춘 선생, 나, 이렇게 5명이 목포로 향했다.

전시관을 둘러보면서 전시대의 높이가 관람객이 보기에 합당한지 재질은 무엇으로 했는지 등을 꼼꼼하게 체크해 잘못된 부분이 있으면 대구수목원에서는 그런 실수를 되풀이하지 않기로 다짐하고 옆에 있는 남농미술관과 유달산의 조각공원도 둘러보았다.

나와 이 박사, 김장길 님은 이왕 이곳까지 왔으니 난대식물을 중심으로 조성된 완도수목원으로 향했고 문기열 님과 장원열 님은 대구로 되돌아갔다.

당초 구상했던 독립 전시실을 마련하지 못해 기증품은 현재 청사 별실에 전시되어 있으나 그래도 많은 시민들의 사랑을 받고 있다. 2016년 돌아가시고 난 후 발이 날 아침에야 연락이 와 다른 일정이 있어 문상을 못 했다. 고인의 명복을 빈다.

박상옥 선생과 분재원

분재를 기증한 고(故) 박상옥 님을 만난 것은 꽤 오래되었다. 대구시 서구 부구청장을 마지막으로 공직을 떠나신 정시식 님, 대구야생초우 회장을 오랫동안 역임하시다가 지금은 고문으로 있는 모규석 님, 계명문화대학 교수로 재직하고 있던 야생화 연구에 독보적인 지식을 가지고 있는 김용원 님, 분재협회 대구지회장으로 있으면서 대구시립종합복지회관의 분재 강사였던 박상옥 님, 나 등이 모여 전국에서 처음으로 야생화를 사랑하는 단체인 '대구야생초우회' 발기인 모임을 개최할 당시였다.

그때가 1990년도이니 벌써 27년이란 세월이 훌쩍 지났다. 첫인상은 웃을 때 눈가에 잔주름이 있는 것이 어릴 때에는 개구쟁이가 아니었을까 하는 생각이 들었으며 전체적인 이미지는 소박하고 순수하며 낙천적으로 보였다.

모임이 결성되자 그는 부회장, 나는 총무를 맡았다. 월례회 때마다 만났지만 야생화보다는 오히려 분재에 관심이 더 많은 것 같았다. 가끔은 그가 애써 가꾸고 있는 화원 소재(所在) 솔뫼분재원으로 초청해 커피를 얻어먹기도 했다. 돌아가시기 얼마 전까지는 그림에 심취해 있었다. 모 대학 평생교육원에 적을 두고, 그림 얘기를 자주 했으며 또한 공모전에서는 입선까지 했다는 이야기도 했다.

그런 그가 평소 아끼고 사랑하던 분재원에서 돌아가셨다는 이

박상옥 님이 기증한 1억 2
천만 원 상당에 해당하는
분재원

야기를 나중에 들을 수 있었다. 애통한 마음도 컸지만 당시 수
목원 조성에 매달리고 있던 나는 죄송하게도 분재 걱정이 앞섰
다. 그 많은 분재들의 운명은 어떻게 될까? 평소 언젠가 힘들
어 관리하기가 어려우면 공익기관에 기증하겠다는 생각을 떠
올리며 수목원으로 가져오고 싶었다.

그러나 슬픔에 잠겼을 미망인에게 이 말을 꺼내지 못하고 애
만 태우고 있던 중 여류 야생화 모임 회원인 김진숙 여사를 우
연히 만나 내 속내를 드러내 보였더니 기꺼이 다리를 놓아 주
겠다고 하였다.

그 후 미망인 김경자 여사로부터 기증하겠다는 전화가 왔으
며 대작(大作) 몇 점은 고인이 평소 가까이 지낸 분과 삼촌들이
이미 가져갔다고 했다. 나는 진심으로 감사의 인사를 하고 담
당자인 신백호 님으로 하여금 가격산정을 해보라고 하였더니 1
억 2천 만 원에 상당했다. 아울러 기증서 작성 등 행정조치를

맏상을 닮은 시비는 교식, 오른쪽의 봉개는 고인이 좋아하던 것으로 머릿위 검정색 머지의 부피으로 높은 것이다.

취했다.

 분재를 인수하기 위해 고인의 숨결이 스며있던 '솔뫼분재원'을 찾는 내 마음은 무거웠다. 그러나 무엇보다 나를 더 쓸쓸하게 하는 것은 고인의 손길이 멈춘 분재들이 가지가 멋대로 뻗어 본래 모습을 잃어 가고 어떤 분재는 물을 주지 않아 바싹 말라 물 달라고 아우성을 치는 것 같았다. 며칠만 더 늦추면 본래의 모습이 망가져 분재로서의 가치가 떨어질 것 같아 마음이 다급해졌다. 또 분재원이 도심지에서 벗어난 변두리에 있을 뿐 아니라, 고가품도 많아 분실이 염려되었다.

 우선 구두로 승낙 받고 인부들을 동원해 가급적 빨리 수목원으로 옮기고 그 사실을 간부회의에서 자랑스럽게(?) 보고했으나 오히려 꾸중만 들었다. 아직도 그 뚜렷한 이유를 알 수 없다. 처리 과정이야 어떻든 지금 수목원에 전시되어 있는 분재들은 많은 시민들의 사랑을 받고 있어 고인(故人)도 기뻐하리라고 믿는다.

비록 작지만 아담하게 기념비도 세웠고 평소 고인이 좋아했던 물개 모형의 수석을 비(碑) 옆에 꼭 놓아 달라던 미망인의 말대로 해놓았다.

대구수목원 표지석 글씨

수목원 입구에는 대구수목원(大邱樹木園)이라고 새겨진 큰 자연석의 '표지석'이 있다. 서예가 근원(近園) 김양동(金洋東, 현 계명대학교 석좌교수) 선생의 작품이다.

수목원 조성은 당시 대구시로서는 역점 시책이었으나 대다수 시민·환경단체가 반대하고(단, 대구흥사단 제외) 일부 언론조차 부정적으로 보도해 곤욕을 치르면서 추진했다. 이런 형편이기도 하거니와 재정 형편상 한꺼번에 사업비를 확보하기도 어려워 5년 동안 단계별로 조성하기로 했다.

1단계 공사를 한창 진행하고 있을 때 녹지과장으로 승진 발령이 났다. 9급으로 출발해 공무원의 꽃이라는 4급으로 승진하고, 임업직 공무원으로서는 최고위직에 이르게 되었으며, 거대도시 대구시의 녹지정책을 총괄할 수 있는 기회가 주어진 데 대해 기쁘기도 하지만 비록 5급이나마 수목원 조성을 완료하고 이곳에서 퇴직하고 싶었던 나로서는 크게 기뻐할 일이 아니

계명대학교 미대 학장을 역임했던 김양동 선생의 글씨이다.

었다.

 이런 와중에 공사가 완료되고 함께 일했던 강신구 연구사(현, 국립수목원 임업연구관)로부터 전화가 왔다. 표지석을 세우려고 하는데 누구에게 글씨를 받는 게 좋겠느냐고 하였다. 대구에는 훌륭한 서예가들이 많지만 글을 받으려면 사례금을 주어야 하는데 그게 마련되지 않았다는 것이다.

 나는 당시 계명대학교 미술대학 학장으로 재직하고 있던 근원 김양동 선생을 찾아가 내 이야기와 더불어 부탁해 보라고 하였다. 중학교 선배이자 대구 최초로 근원 선생이 조직했던 대구민학회 회원으로 활동했던 인연이 있기 때문이다. 그러나 지금 생각하면 아쉽다. 아파트에 조형물을 세워도 작가의 이름을 새겨 두는데 명소 대구수목원을 위해 스스럼없이 일필(逸筆)을 남겨준 고마움을 어디에도 표현하지 못했기 때문이다.

정주진 선생과 선인장

선인장을 기증한 정주진 님은 온갖 어려움을 극복하고 자수성 가한 분이다. 한적한 시골 가난한 농부의 아들로 태어난 그가 대처인 대구로 나와 맨 처음 시작한 것이 선인장 장사였다. 손

선인장 온실. 그림엽서에 나올 정도로 멋지게 지어보려 하였으나 그렇게 하지 못했다.

전국에서 가장 많은 종을 보유하고 있는 선인장
온실 내부와 김주식 씨 기념표석

수레에 선인장을 싣고 주로 칠성시장 주변을 돌아다니며 팔았
다고 한다. 그러다가 이익을 더 남기기 위해 산격동 헐벗은 남
의 야산을 빌려 재배를 했다. 그러나 주택이 건설되면서 포지
를 잃게 되자 당시만 해도 아주 변두리인 수성구 시지 쪽으로
자리를 옮겨야 했다.

때마침 알로에 붐이 일어나자 그는 이미 연마한 선인장 재배

기술로 생산량을 높일 수 있었다. 이익이 생길 때마다 조금씩
포지(圃地)를 넓혔다. 일대가 택지로 개발되면서 상당한 보상
금을 받게 되고 키우던 92종 1,180포기의 선인장은 갈 곳이 없
어졌다. 제주 소재 모 호텔 측이 거액을 줄 터이니 팔라고 제의
했지만 거절했다.

　자식들 공부시키고 조금은 여유로운 생활을 하도록 하여 오늘
의 자기를 있게 한 손때가 묻은 선인장을 차마 무의미하게 처
리할 수 없었다. 처음 많은 아이들이 찾는 어린이회관에 기증
하고자 하였으나 보관·전시시설이 없다는 이유로 거절당했다
고 한다. 공익기관에 기증하겠다는 그의 뜻이 좌절된 후 어떤
연유로 당시 녹지계장으로 있던 내게 전달되었다. 나는 향후
유용한 자산이 될 것으로 예감하고 시장의 결재를 받아 당시
양묘사업소에서 인수토록 하고 그분을 상용인부로 채용해 관
리를 전담시켰다

그 후 공교롭게도 내가 수목원을 조성하는 책임자로 가게 되니, 집무실로 나를 찾아 온 그는 그동안 받은 서러움을 울면서 토로했다. 동료들이 "당신이 선인장을 기증해 없던 일이 늘어나고 가시가 달린 선인장으로 우리들을 힘들게 하고 있다"는 핀잔을 수없이 들어 몇 번이나 그만두려했다고 했다는 것이었다.

나는 진심으로 그를 위로하며 기다리라고 했다. 마침내 예산을 확보해 온실을 새로 짓고 두류공원 내에 가식해 두었던 선인장을 옮기게 되니 일흔이 넘은 나이에도 힘 드는 줄 모르고 즐겁게 일했다. 그분의 고마운 뜻을 많은 시민들에게 알리기 위해 조그마한 표석을 설치하니 더 기뻐했으나 나이가 나이인 만큼 그만두고 집에서 쉬다가 2003년 10월 14일 돌아가셨다.

선인장은 현재 수목원의 꽃이 되었다. 특히, 수목의 잎이 다 떨어진 겨울 수목원은 삭막하지만 선인장 온실에서는 온갖 선인장의 꽃이 피어 겨울 수목원에 큰 볼거리가 된다.

선인장은 상용인부(현, 무기 계약직)인 문옥희 씨라는 분이 관리하게 했다. 처음 담당자를 불러 발령을 내라고 하니 곧 되돌아온 그가 안 된다는 것이었다. 조금은 의아해서 왜 그러느냐고 물었더니 그분보다 먼저 들어온 사람을 제쳐두고 늦게 들어온 사람을 상용인부로 채용해서는 안 된다는 것이었다. 나는 버럭 화를 냈다.

조직의 생산성을 높이기 위해 능력과 적성에 따라 사람을 배치하는 것은 책임자의 고유권한이며 기증하신 정주진 씨가 향후 선인장 관리 책임자로 추천했을 뿐 아니라, 그동안 살펴본 바로도 이분만한 적임자가 없었기 때문이다.

즉 선인장 중에서 금호같이 100년 이상 자란 것은 크기도 하려니와 무거우며 날카롭고 튼튼한 가시가 있어 모두들 만지기를 싫어해 대다수 인부들은 선인장 온실에서 일하는 것을 기피했으나 문 씨 만은 비록 여자이지만 가시가 있는 큰 선인장 만지는 일을 마다하지 아니하고 열심히 일했다.

따라서 나는 편하게 지내다가 차례가 오면 일을 열심히 안 해도 저절로 혜택이 주어지는 다른 조직과 달리 우리 조직은 열심히 일한 사람에게 먼저 기회가 주어진다는 것을 처음부터 명백히 할 필요가 있다는 생각을 굽히지 않고 그분을 임명했다.

잊을 수 없는 또 다른 일은 온실 모양과 사후관리 문제였다. 처음 계획할 때에는 외국 수목원이나 식물원의 그림엽서에 나오는 그런 멋진 모양으로 짓고자 마음먹었다. 그러나 막상 공사를 시작하려고 하니 대구에는 그만한 실력을 갖춘 업체가 없는데 비해 회계 규정은 지역 업체에 도급 주도록 되어 있어 관내 업체에 맡기다 보니 지금의 모양으로 밖에 건축할 수밖에 없었다.

선인장을 유리온실에 넣고 맞은 첫 겨울. 아니나 다를까 난방기가 고장 나 그 귀중한 선인장이 얼어 죽을 우려가 있었다. 부랴부랴 온풍기를 설치하였으나 그것마저 제대로 가동되지 않았다. 선인장은 섭씨 5도 이하로 내려가면 동해를 입기 때문이다. 그 귀중한 선인장을 온실을 만들어 놓고도 관리 잘못으로 죽게 할 수 없었다. 마침내 식물에는 써서 안 될 건축용 열풍기를 빌려와 숙직하는 직원들은 밤잠을 설쳐가며 가동해 그해 겨울을 넘겼다.

그때 담당이었던 이의수 계장과 김원량 주무관이 애를 많이 먹었다. 오늘날 선인장을 보고 즐거워하시는 분들은 이런 속사정을 다 모를 것이다. 참으로 고마운 고(故) 정주진 씨의 명복을 빈다.

주차장 서쪽의 운동장

대구수목원은 대구에서는 유일한 수목원이자 접근성이 좋기 때문에 많은 시민들이 찾는다. 특히, 주말이나 공휴일에는 인근 도로까지 불법주차로 몸살을 앓는다. 그런데도 주차장 서쪽의 운동장(토, 일요일이나 공휴일 등 내방객이 많을 때는 한시적으로 개방하고 있다)을 주차장으로 확장하지 않는 이유는 오래전 맺었던 주민들과의 약속 때문이다.

조성할 당시 복토(覆土)를 하려고 했을 때 인근 주민들은 경운기, 손수레 등으로 바리게이트를 치고 덤프트럭의 진입을 막는 등 완강하게 반대했다. 그동안 소음, 악취, 파리와 모기 등 해충으로 많은 고통을 받았던 그들이 왜 그랬을까? 첫째, 수목

헌. 주차장 서편 운
동장은 윗배 주민
들의 요구로 비워
두었다.

원을 빙자해 또 다른 무슨 혐오시설을 지어 괴롭게 할지 모른
다는 대구시의 정책에 대한 불신과 둘째, 쓰레기 매립장에서
나오는 침출수로 농사(지금의 정부지방합동청사, 대진중·고
등학교 일대는 논이었다)를 망쳤으니 보상을 먼저 해 주고 시
작하라는 것이었다.

대치 시간이 길어지자 일부 직원은 달서경찰서에 협조를 받아
경찰력을 동원해 해산시키자는 의견을 내놓았다. 나는 이해할
때까지 설득해 보려고 직원들의 건의를 묵살했다. 그러자 책임
자가 우유부단하다며 불평하는 직원도 있었다. 이런 와중에 실
무 담당자가 나와는 한마디 상의도 없이 다른 계(係)로 자리를
옮겼다.

실망이 컸다. 어려운 일을 피하고 편안하게 공직 생활을 하려
는 그의 태도도 못마땅했지만 현장의 어려움을 해결하기는커

녕 일을 진행하는 중에 다른 부서로 발령을 낸 책임자도 못마땅했다. 그때 과(課)에는 월배 토박이인 이상석 님이 있었다. 그와 함께하면 좋겠다는 생각을 건의해 그를 합류시켰다.

결과적으로 전화위복이 되었다. 브리핑 차트를 만들어 월배 새마을금고 회의실에서 설명회를 개최하는 한편 그래도 협조하지 못하겠다는 사람들은 개별적으로 방문하여 이해를 구했다. 어떤 집은 이상석 님이 자비(自費)로 수박과 음료수를 사가기도 했다.

당시 김용보 시의원의 도움도 컸다. 침출수로 농사를 망쳤다는 주장도 검사 결과 쓰레기 매립장 조성과 무관하다는 결과가 나왔다. 그때 주민들이 혹시나 있을 단합대회 등 모여서 놀 수 있는 공간을 확보해 줄 것을 요구했고 이를 수용한 것이 지금의 운동장이다.

청사 뒤편의 전나무 숲

수목원은 대구시비(市費)를 주된 재원으로 조성하기로 했지만 시장, 부시장을 비롯한 담당 공무원들의 노력으로 환경부에서 국비(國費)를 많이 지원 받았고, 또 시민들의 분재, 수석, 선인장, 나무 기증 등으로 시비를 많이 절감할 수 있었다. 그중의 하나가 사례가 '내 나무 갖기 운동'이다.

한 가족이 2만 원을 내면 한 그루 나무를 수목원에 심을 수 있고, 심는 분의 이름과 심은 뜻을 표찰에 새겨 평생 기념하도록 했다.

현재 수목원 뒤편의 전나무 숲은 그렇게 조성된 것이다. 그때가 2002년이니 지금은 나무들이 많이 컸다. 옮겨 심어 거리를 넓혀 주고(현재 조성 당시 그 시점에서 심은 나무들이 많이 자라 포화상태를 이루어 현실적으로 어려운 점이 있을 것이나 부지 확장 등 고민을 해보면 답이 있지 않을까 한다) 색 바랜 표찰도 새로 만들고, 개원 기념일 같은 날에는 당사자들을 초대해 심을 때 보다 크게 자란 나무와 황량했던 곳이 낙토로 변한 수목원을 한번 둘러보게 보게 하면 얼마나 감격할까 하는 생각을 해 본다. 이런 경우와 달리 전액 자부담으로 심고 표석을 설치한 사례도 있으니 당시 임업직 사무관으로 승진한 김진원(녹

시민단체가 주선해서 조성한 전나무 숲. 흰색의 작은 표찰에는 심은 이의 이름과 심은 뜻이 적혀 있다

지과장으로 퇴직) 님이 주도해 동기들이 힘을 모아 조성한 사무관 승진 기념동산 등이 있다.

수종(樹種)을 전나무로 한 것은 이 나무가 대구시를 상징하는 시목(市木)이기 때문이다. 사실, 전나무는 시목으로 적합한 나무는 아니다. 한대지방(寒帶地方) 나무다보니 한 여름 기온이 섭씨 30도 이상 고온 일수가 많은 대구에서는 자람이 왕성하지 못하고, 지역과 연관성 즉 대구의 산야에 자라지 않는 등 향토성이 없기 때문이다. 오히려 우리나라 천연기념물 제1호인 측백나무나 세계적으로 희귀종이지만 대구에서 많이 자라는 모감주나무가 오히려 적합하다.

그러나 수목원이 있는 이곳은 시가지 중심부와 멀리 떨어진 곳이라 온도가 시내보다 높지 않기 때문에 심었고 예상한 것과 같이 아주 만족할 수는 없어도 그런대로 적응하는 편이다.

청사 입구 벽면의 그림
'팔공산추색'

새 청사에 입주하고 보니 벽면이 너무 허전했다. 그림을 붙여 분위기를 아름답게 꾸미고 싶었다. 분재를 기증한 고(故) 박상옥 님의 부인 김경자 여사가 고인의 유품이라고 준 정물화 몇 점을 3층까지 오르는 계단 양 옆에는 붙였으나 그래도 여백이

많았다.(지금은 없어졌다)

뿐만 아니라, 대구수목원은 대구의 자연을 모두 담은 곳이니 이왕이면 대구를 대표하는 자연물인 팔공산을 그린 그림을 한 점 붙이는 것이 좋겠다는 생각이 들었다.

그러나 그림 값이 비싼데 비해 구입비가 없었다. 그때 공근 주무관이 형이 화가인데 부탁하면 그림은 한 폭 얻을 수 있지만 액자 값은 수목원이 부담해야 한다고 했다. 이 고민을 이해경 관리계장(현 수성구청 사무관)이 수용비 일부를 절약해 해결해 주었다.

이렇게 액자 값만 지불하고 얻은 작품이 출입문을 열면 왼쪽

공근 주무관의 형 오정(梧亭) 선생이 그린 그림 '팔공산추색'

벽면(壁面)에 아직도 붙어 있는 '팔공산추색(八公山秋色)'이다. 그림 아래쪽에 오정(梧亭)이라는 서명은 아호(雅號)인 것 같은데 이름을 알 수 없다.

공근 주무관의 근황도 궁금하고 형 이름이라도 알고 싶어 대구시청 인사부서에 전화를 걸어 현재 어느 부서에 근무하고 있는지 물었더니 2005년 대구문화예술회관을 마지막으로 퇴직했다고 한다.

크게 노동력이 요구되는 수목원 일을 수행하기 어려울 정도로 건강이 좋지 않아 숙직을 많이 하도록 배려했던 그였다. 아시는 분 있으면 연락해 주었으면 좋겠습니다.

수목원 동쪽의
리기데타 숲

수목원 입구 초소(哨所) 동편의 산은 이름이 없다. 오래전 주민들이 땔감을 하거나 묘지를 썼던 산이기에 이름이 없을 리 없건마는 아는 사람이 없다.

수목원을 조성할 당시 주변의 지형지물이나 문화유적, 마을 현황, 산림식생을 파악하기 위해 돌아다닌 결과 청사 뒷산은 천수봉, 동남쪽은 삼필봉, 정부종합청사의 서편은 서산으로 〈빼앗긴 들에도 봄은 오는 가〉의 민족시인 이상화의 유택이 있는 곳이라는 것을 알았으나 동편의 산 이름을 아는 사람을 만날 수 없었다.

왜 이 이야기를 하느냐 하면 이 산은 장차 이곳에 수목원이 들어설 곳이라는 것을 암시라도 하듯이 경상북도가 조성한 리기데타소나무의 시험림(試驗林)이 있기 때문이다.

리기데타소나무는 잎이 3개인 점은 리기다소나무와 비슷하나 리기다소나무와 달리 부정아가 잘 나오지 않고 잎의 길이가 리기다소나무는 8~13cm인데 비해 리기데타 소나무는 15~23cm에 이른다고 한다.(박상진 경북대 명예교수)

지금 이 산에 자라는 울창한 나무가 리기데타소나무 숲이다. 2002년 수목원이 개원할 당시에도 표지판이 그대로 있었다. 이런 것을 보면 이곳 쓰레기 매립장이 대구 시민의 사랑 받는 수목원이 된 것은 결코 우연히 아니고 신의 섭리였다는 생각이 든다.

리기데타 숲

주차장 비탈면의 왕대

대구수목원을 방문할 때 첫 번째로 눈이 닿는 곳이 오른쪽의 큰 언덕이다. 이곳은 주차장의 비탈면으로 수목원 전반이 그렇듯 이곳도 예외 없이 쓰레기가 묻힌 곳이다. 평탄지는 5~6m 복토했지만 비탈면은 경사가 급해 쓰레기를 그냥 다져놓은 상태였다. 걱정은 폭우가 쏟아지면 표토(表土)가 유실되고 심하면 비탈면 전체가 무너지지 않을까 하는 우려도 있었다.

고심 끝에 뿌리 발육이 왕성하여 땅을 고정시키는 힘이 큰 대나무를 심는 것이 어떨까 하는 생각이 들었다. 지진이 많은 일본은 집 주위에 대나무를 심어 피해를 최소화한다는 이야기를 들었기 때문이다. 그때 수목원 청사 뒤 천수봉의 동쪽에 있는 어느 분의 묘지(墓地)에 대나무가 번성하자 일부는 캐내고 일부는 줄기만 자르고 뿌리 부분은 그대로 둔 묘지를 발견했다.

문정기 남평 문씨 본리 세거지 종손을 찾아가 주인을 알아보니 공교롭게도 그의 친구였다. 사정을 이야기하고 캐 와서 심은 것이 지금의 비탈면 왕대이다. 대나무를 심어 본 경험이 없어 뿌리를 20cm~30cm 잘라 표토가 얇은 비탈면에 심었다. 잘 살 수 있을까? 물을 좋아한다는데 가뭄에 이겨낼 수 있을까? 걱정을 많이 했다.

또 서쪽 비탈면은 이대를 심었는데 이것은 수목원 동쪽 한실마을에 사는 권상태 님의 산에서 캐와 심은 것이다. 지금 보니

표토(表土) 유실을 방지하기 위해 뿌리를 캐 와서 심은 왕대

이대는 물론 왕대도 너무 잘 자랐다. 이야기를 들으니 이동춘 계장이 왕대를 더 보식했다고 한다. 겨울의 비탈면은 상록의 왕대로 인해 더 아름답고 그 탓인지 우려했던 비탈면도 무너지지 않았다.

아파트 조경담당자 교육

수목원 조성이 힘들었지만 완공 후 하고 싶은 일을 상상하면 늘 즐거웠다. 이런 희망으로 힘든 일이나 어려움도 극복할 수 있었다. 사실 나는 승진을 하지 않더라도 이 일을 마무리하고 이곳에서 퇴직하고 싶었다.

사계절 꽃이 피고 숲이 우거진 아름다운 공간을 즐기고 자연을 공부하기 위해 많은 청소년과 시민들이 찾을 것도 그렇지만 교육을 통해 나무와 꽃을 사랑하는 사람을 늘어나게 할 수 있을 것이라고 생각한 것도 그중 하나였다.

이곳 책임자로 오지 않고 시(市)에 있으면서 푸른 대구 가꾸기 사업을 추진할 때 가장 아쉬웠던 부분이 시민의 참여를 이끌어 내는 일이었다. 많은 시민들은 푸르고 쾌적한 환경 속에서 살기를 희망한다. 그러나 실제는 시민의 협조가 저조한 것을 현장에서 절실하게 체험했다.

이런 점은 일본과 확연히 구분된다. 잘 알려져 있다시피 일본의 도시는 가는 곳마다 아름답다. 시정부가 노력을 많이 기울인 탓도 있지만 시민들이 자기 집 앞을 자기 정원처럼 가꾸기 때문이다. 그러나 우리 도시는 어떤가? 가뭄으로 가로수와 거리에 설치해 둔 화분이 말라도 물 한 바가지 퍼주는 사람을 없고 오히려 통행에 방해되고 간판이 가린다고 하여 가로수에 기름이나 소금물을 붓는 등 해코지 하는 데서 알 수 있었다. 따라서 시민들이 나무의 소중함을 이해하면 태도가 달라질 것이라고 믿었다.

특히, 좁은 공간에 많은 시민이 거주하는 아파트는 나무나 꽃을 잘 가꾸어 공원 같이 해야 하는데 관리하기 어렵다고 하여 해마다 심하게 자르는 것이 다반사고, 제때 병충해를 방지하지

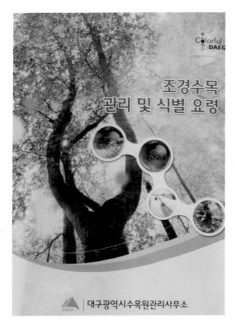

조경수목
관리 및 식별 요령

대구광역시수목원관리사무소

아파트 조경 담당자교육 교재
(최근 새로 만든 것이다.)

않아 피해가 시가지에 심어 놓은 가로수로 옮겨 붙게 하는 일도 있었다. 어떤 곳은 약재 희석 비율을 잘못 산정해 나무에 해를 입히는 것도 목격되었다.

비록 수목원이 완공되지 않았지만 나는 우선 아파트 조경담당자를 대상으로 교육을 시행했다. 내용은 조경수의 비배 관리, 수관 조절 및 이식, 토양, 전정, 수종별 병해충 방제요령 등 가장 기본적인 몇 가지였다. 아파트 내에 거주하는 사람들이 대구 시민이고 시민을 쾌적한 환경 속에 살게 하는 것은 시정부가 해야 할 일이라고 생각했다. 민간시설이라 강제성을 띨 수 없어 참여가 저조할 것으로도 생각했지만 이외로 호응이 좋았다.

임업직공무원과
그 가족들의 기념식수 동산

'큰 나무를 심는다', '좁은 인도에도 가로수를 심는다'는 등 많은 비판에도 불구하고 1996년부터 2000년까지 당초 목표 300만 그루 나무 심기 계획을 1년 앞당겨 그것도 100만 그루 이상 초과달성했다. 따라서 그 이후 목표를 수정하여 1,000만 그루 나무심기로 계획을 확대했다. 이때 수목원도 1단계 공사가 완료되어 어느 정도 윤곽이 잡히고 볼거리가 있게 되었다.

뭔가 의미 있는 일이 없을까 생각하다가 시도한 것이 임업직 (현, 녹지직) 직원은 물론 그 가족들을 초대해 수목원에서 기념식수를 하고자 했다. 몇 곳에서 언급했었지만 임업직 공무원은 한직(閑職)인데 비해 일은 많다. 특히, 봄철은 나무 심기 하랴, 산불 예방하랴 휴일도 없이 근무해 가족들과 함께할 시간이 없다. 그때는 휴일근무 수당도 없었다. 따라서 부인과 아이들에게 아버지가 비록 가정에 소홀하지만 하는 일이 보람 있는 일이라는 것을 알려주고 싶었다. 그래서 가족들을 초대해 수목원 한쪽에 나무를 심었고 오래 기념이 되도록 표석(標石)도 세웠다.

그런데 최근 수목원에 가서 표석을 찾으니 당연히 있어야 할 자리에 표석이 없었다. 만나는 직원마다 어디 있느냐고 물었으

나 한결같은 대답이 모른다는 것이었다. 공사를 1, 2, 3, 4단계로 나누어 연차적으로 했기 때문에 어디 묻혔나보다 생각은 했으나 한편으로는 그때 힘들게 조성했을 때와 달리 지금 호사(?)를 누리고 있는 후임자들의 무성의에 화가 나기도 했다. 혹현장을 순찰하거나 작업 중에 발견되면 연락해 달라고 부탁했다. 그러나 시간이 지나도 답변을 못 듣고 있던 중 다시 수목원에 갔다가 내가 근무할 때 무기 계약직으로 임용했던 김병도 님을 만났다.

혹시나 해서 물어 보았더니 달서구청이 천수봉(수목원 뒷산)에 등산로를 조성했는데 그 입구에 있는 것 같다고 했다. 현장에 갔더니 아니나 다를까 왼쪽에는 2001, 3, 21 제1기 사무관승진사 일동이 심은 '새천년맞이 기념식수' 표석이, 오른쪽에 임업직공무원과 그 가족들이 심은 '기념식수동산' 표석이 풀 속에 나란히 서 있었다.

그렇다. 정규직 공무원들은 2~3년 근무하다 옮겨가기 때문에 모를 수 있지만 무기 계약직은 10년 또는 그 이후 퇴직할 때까지 그곳에 있으니 그럴 수 있겠구나 생각했으나 그 의미 있는 표석이 외진 곳에 버려져 있다시피 하고 있다고 생각하니 후임자들의 무관심에 만감(萬感)이 교차했다.

비문을 읽어 내려갔다.

"우리 임업직 공무원과 그 가족 일동은 우리들이 자녀들의 꿈을 펼치고 있는 이 대구를 보다 아름답고 쾌적한 도시로 가꾸기 위해 불같은 열정으로 이 일을 이끌어 오신 문희갑 시장님과 함께 300만 그루를 1년 앞당겨 달성한 것을 오래 기념하기 위해 새 천년이 시작되는 첫해 이 동산에 나무를 심고 비를 세웁니다."

2000. 3. 4. 임업직 공무원과 가족 일동

뒷면에는 당시 82명의 임업직 공무원 전원의 이름이 새겨져 있다. 이들 중 이미 고인이 된 분도 있고, 퇴직한 분도 있고, 현직에 있는 분도 있다. 그러나 모두가 함께 푸른 대구를 만드는데 앞장섰던 분들이다.

강신구, 강영희, 강용태, 강정문, 곽노복, 권명구, 권영시, 김광락, 김남구, 김동열, 김무환, 김영식, 김선혜, 김영식, 김영창, 김옥재, 김용웅, 김재광, 김장길, 김정호, 김종배, 김중덕, 김진원, 김창영, 김태규, 김희천, 남성환, 남정문, 문대희, 문상진, 박기운, 박기홍, 박남현,

박대수, 박만수, 박성원, 박세태, 박인환, 박치용, 서일교, 신홍근, 심해택, 안봉환, 안응영, 양재령, 예병관, 유성태, 이경옥, 이동춘, 이상규, 이상석, 이상윤, 이상추, 이성진, 이영철, 이우순, 이재국, 이재수, 이재원, 이정웅, 이종영, 이천식, 이한중, 임성식, 임종일, 임호석, 장원도, 장정걸, 전상렬, 전채영, 정상영, 정오성, 정진우, 조용섭, 최병섭, 최병우, 최영근, 최종출, 최한부, 최한석, 황병윤, 홍만표

특히, 이들 중 강점문, 황병윤, 이우순, 김희천, 남정문, 이영철은 수목원 관리소장을 지냈고, 장정걸 님은 현직 소장이다.

그때 기념식수를 하면서 의도했던 바와 같이 남편이나, 아버지가 하는 일에 그 가족들이 얼마나 이해하고 긍지를 느꼈는지 모르나 대구가 푸른 도시로 자리매김하는 일에 당시 임업직 공무원 가족들의 작은 보탬도 있었다는 것을 증명하는 것은 이 표석이 유일하다.

그때 동참했던 가족들이 가끔은 수목원을 찾아와 그때 심은 나무들이 잘 자라고 있는지, 얼마나 자랐는지 살펴볼 것이다. 그런데 표석이 없으니 얼마나 서운해 했을까, 하는 생각이 든다. 하루 빨리 제자리로 옮겨 놓았으면 한다.

전주電柱가 없는 수목원

아름다운 수목원에 흉물인 전주(電柱)가 없는 것은 어쩌면 당

2002년 개원 당시의 수목원 전경

연한 일이다. 그러나 세워질 뻔해 지금 생각해도 식은땀이 흐를 정도이다. 원로(園路)를 밝히는 가로등이나 보안등은 물론 컴퓨터나 사무실 집기, 농기계, 실험기구 등을 사용하려면 전기가 필요하다.

확보된 예산으로 설계를 하도록하고 결재를 했다. 어느 날 아침 출근을 하다 보니 입구에 여러 개의 전주(電柱)가 널브러져 있었다. 담당자에게 웬 전주냐고 물었더니 공사에 필요한 자재(資材)라고 했다.

깜짝 놀랐다. 수목원에 근무하고 있는 직원이라면 누구라도 미관상 보기 싫은 전주를 설계하지 않았을 것이다. 그런데 생각지도 않은 일이 눈앞에 전개되었기 때문이었다. 그러나 자세히 검토하지 않고 결재한 나도 책임을 면할 수 없었다.

공사를 일단 중지시키고 담당 주무관과 협의했다. 설계를 변경해 전선을 지하에 묻으면 어떻겠느냐고 하니 이미 구입한 전주 등 업자의 손해가 클 것이라고 했다. 참 난감했다.

　그렇다고 미룰 일도 아니었기에 업체 대표를 불렀다. 전주가 노출될 것을 모르고 발주했으니 어떻게 하면 좋겠느냐고 했더니 정 그렇다면 전주를 없애고 전선을 매몰하는 방향으로 설계를 변경하되 그 대신 어떤 식으로라도 손해를 보전해 주어야 한다고 했다.

　마침내 이후 발주될 다른 전기공사를 하나 더 주는 것을 조건으로 전주를 없앴다. 그때 그대로 공사를 했더라면 두고두고 시민들로부터 비난 받았을 것은 물론 수목원의 모습이 얼마나 흉측할까 생각만 해도 아찔하다.

　그 후 산림문화전시관 등 전력 수요가 많은 시설들이 보강되었지만 이 사례가 관례가 되어 전주를 설치하지 아니하고 매몰했다. 그때 전삼렬 계장의 노력이 컸다.

정당매

　2001년이었다. 전남 장성으로 출장 갈 기회를 가졌다. 용무를 마치고 88고속도로를 타면 곧바로 대구로 오겠지만 모처럼의 나들이이고 또한 비가 와서 당분간 산불 걱정도 없을 것 같아 경남 하동으로 향했다.

　양지바른 곳에는 성급한 매화가 피고 푸른 섬진강의 하얀 모

래톱과 언덕 위의 그림 같은 집들이 전 국토가 공원이라는 어느 국토 예찬론자의 말을 실감하게 했다.

하동 포구를 지나 남명 조식(1501~1572) 선생의 얼이 배어 있는 산청에 들어섰다. 퇴계 이황(1501~1570)과 함께 탄생 500주년을 맞는 그를 만나기 위해 덕천서원(德川書院)을 가기로 하였으나 길을 잘못 들어 포기하고 단속사지(斷俗寺址)로 향했다.

아우 만농(晩儂)으로부터 정당매(政堂梅)에 관한 이야기를 듣고 벌써부터 벼르다가 왔던 곳이었다. 아우는 영남지방 사대부가의 인맥에 관심이 많아 향토사를 연구하는 나에게 많은 정보를 제공해 주는데《양화소록(養花小錄)》에 나오는 단속사지의 정당매를 보았느냐는 것이다. 그러지 못했다고 하니 '나무를 좋아하는 형께서 어찌 그곳을 가보지 않았느냐'고 했었기 때문이다.

정당매는 선초(鮮初) 시, 글씨, 그림에 능한 강희안(姜希顔 1417~1465)이 직접 화초를 기르면서 체험한 지식을 정리한 우리나라 최초의 원예이론서인《양화소록》에 등장하는 나무다. 그는 〈매화〉 편에서

"우리 선조 통정[通亭, 할아버지 강회백(姜淮伯 1357~1402)을 말함]이 어려서 지리산 단속사에서 책을 읽었다. 그때 절 마당 앞에 손수 매화 한 그루를 심어 놓고는 시 한 수를 지었다.

'천지의 기운이 돌아가고 또 오니 / 하늘의 뜻을 납전매(臘前梅 세한에 피는 매화)에서 보는 구나 / 바로 큰 솥 가득 맛있는 국 을 끓이는데 / 하염없이 산속을 향해 졌다가 또 피는 구나' 라 고 하였다. 공이 과거에 합격한 뒤에 여러 관직을 거친 후 정 당문하(政堂文學)에 이르렀다. 조정에 있을 때 옳고 그름을 분 간하여 바로잡고 조화로써 서로 돕고 구제한 일이 매우 많아서 당시 사람들이 시참(詩讖, 시를 쓴 것이 뒷날 뜻밖에 들어맞는 것)이라고 하였다. 단속사의 스님이 공의 덕과 재주를 사랑하며, 깨끗하고 높은 인격을 흠모하여 매년 뿌리에 흙을 북돋아 주고 매화의 품성에 따라 재배하였다. 그래서 지금까지도 계속 전해져 정당매(政堂梅)라고 부른다. 그 가지와 줄기는 굽어져 온갖 모양을 이루고 또한 푸른 이끼가 감싸고 있으니 '매보'에서 말하는 고매(古梅)와 차이가 없다. 이것이 진정 영남의 고물 가운데 하나이다. 그로부터 왕의 명령을 받들어 영남으로 가는 사대부(士大夫)는 이 고을에 이르면 모두 절을 찾아 매화를 둘러보고서 운(韻)을 빌려 시를 지어 처마 밑에 걸어 두었다."라고 했다.

즉 조부(祖父) 통정이 고려 말에 심었다는 것과 조선 초에 이미 영남의 명물이 되었다는 사실을 알 수 있다. 이런 점에서 정당매는 심은 이가 분명한, 다시 말해서 족보가 뚜렷한 우리나라에서 가장 오래된 매화라고 볼 수 있다.

매화는 난, 국화, 대와 함께 사군자의 하나로 일찍부터 선비들의 사랑을 받아온 나무이다. 단속사는 5세기 전에 이미 폐사가 되어 대웅전 앞에 있었을 두 3층 석탑(보물 제72호와 73호)만 없었다면 거기가 신라의 천재 화가 솔거(率居)가 그린 유마상(維摩像)이 있었고, 통정이 학문을 연마했다는 단속사 터인지도 알 수 없을 만큼 변해 있었다.

한참을 두리번거렸으나 문제의 정당매는 보이지 않았다. 동행한 김종학 님이 빨리 오라기에 가 보니 골목 안, 마을 한복

정당매의 내력을 적어 놓은 안내판

판에서 이제 막 꽃망울을 터트리려 하고 있었다. 가슴이 달아 올랐다. 가장 오래되었으며 정당문학(政堂文學)을 지낸 강회백 (姜淮伯)이 심었고, 우리나라 최초의 원예이론서에 기록된 매화를 직접 눈으로 확인하는 감격 때문이었다. 울타리를 설치해 놓아 보호에 정성을 쏟고 있는 것 같았으나 워낙 늙은 매화라 오래 버티지 못할 것 같은 예감이 들었다.

동행한 김장길 님(현, 앞산공원관리사무소장)에게 가지를 끊게 하여 대구로 가져왔다. 평소 알고 지내던 매화 전문가인 정옥님 여사에게 접을 붙여 줄 것을 부탁했으나 삽수(挿穗)가 접을 붙이기에 적당하지 못하다고 하였다. 그러나 그는 정성을 다해 이듬해 세 그루를 생산했다.

그중에서 두 그루를 가져와 한 그루는 수목원 입구 화목원에, 다른 한 그루는 산림문화전시관 남쪽에 심었다. 그해가 2003년 3월 2일이었다. 그 후 수목원을 갈 때마다 그곳을 들러 잘 자라 주기를 바랐다. 그런데 나무가 크기 시작하자 입구에 심은 것은 다른 나무에 가려졌고, 전시관 남쪽의 것 역시 주변에 심은 이대의 뿌리가 번져 머지않아 도태(淘汰)될 것 같았다.

따라서 전시관 남쪽의 정당매는 포기하고 입구의 것만이라도 보전하고 싶었다. 모 계장에게 주변의 나무를 옮겨 생육공간을 충분히 확보해 주든지 아니면 넓은 곳으로 이식해 줄 것을 부탁했다. 그러나 내 부탁이 못마땅했던지 바쁜 업무로 잊었는지 그 후 몇 차례 수목원을 가 보았으나 그대로 방치(?)되고 있어 가슴이 아팠다.

대구수목원이 전국적인 명소로 자리 잡고, 그곳에 근무하는 공무원들은 단지 대구수목원 직원이라는 이유로 시민의 부러움을 받고, 조직의 규모가 지금과 같이 커져 근무하는 공무원 수가 늘어나고, 책임자인 소장이 사무관 즉 5급에서 일반 공무원으로서는 꽃으로 불리는 4급 서기관으로 향상된 것은 나를 비롯한 동료들이 지난날 힘들게 조성했었기에 누리는 것인데 부탁이 외면당한 것 같아 서운한 생각마저 들었다.

2015년 남정문 님이 소장으로 취임했다. 축하 인사도 할 겸 구경도 할 겸 수목원을 찾았더니 전시관 남쪽의 것은 부탁한 것도 아닌데 주변 일대를 말끔히 제거해 환경을 크게 개선했다. 오래전 나와 함께 정당매를 보러 갔을 때 부인과 동행(同行)한 일이 있어 생물학적, 인문학적인 가치를 누구보다 잘 알고 있었기 때문이라고 했다.

이왕이면 입구의 정당매도 건사해 줄 것을 부탁했더니 그해 가을 잔디광장 남쪽으로 옮겨졌다고 했다. 2016년 3월 찾았더니 안내판도 고급스럽게 만들어 놓고 수형을 다듬기 위해 자르고 남은 몇 개의 가지에서 꽃을 피우고 있었다.

그러나 그해 5월경 다시 잔디 식재 공사를 하면서 옮겨 지금의 생육상태는 좋지 못하다. 2014년 산청의 정당매가 마침내 고사했다는 보도(경남매일, 2014, 2, 20)가 있었다. 그렇다면 나무만 사라진 것이 아니라, 많은 이야기조차도 지구상에 사라지게 되었다. 그러나 대구수목원에 그 분신(分身)이 남아 있다.

종자로 키운 즉 실생묘(實生苗)가 더러 있을지 모르지만 가지로 삽목을 해 본래 형질을 그대로 보존되게 한 정당매는 대구수목원의 것이 유일(?)하지 않을까 생각하니 16년 전 나의 직감이 적중했던 것 같아 행복한 생각마저 든다.

한실마을

식수, 화장실, 사무실 등에 사용되는 상수도(上水道)도 필요하지만 나무와 꽃에 물을 주는 정수되지 않는 물도 필요하다.

한실마을

　따라서 수목원 조성이 끝나고 나무들이 커서 많은 물이 필요할 때는 택지 개발로 농업용수 공급 기능이 약화된 도원지나 산 넘어 천내천의 물을 끌어 쓰기로 하고, 조성 당시에는 우선 지하수를 이용하기로 했다.

　그러나 환경단체로부터 침출수가 나온다며 공격당하고 있는 마당에 잘못 개발하면 그들의 우려가 현실화될 수 있을 것 같아 고민이 컸다. 전문가 자문 결과 관정을 깊게 파서 지하수 층에서 물을 뽑아내면 침출수와 관계가 없다는 답을 들었다.

이어 3개소에 지하수를 개발했다. 보건환경연구원에 수질 검사를 의뢰한 결과 농업용으로 사용하는 데에는 문제가 없다는 통보를 받았다. 그런데 이웃의 한실마을 주민 대표인 권상태(權相泰, 오리고기 전문점 한계정 운영) 님이 찾아와 항의를 했다. 최근 동네 우물이 말라 애를 먹고 있는데 알고 보니 수목원에서 지하수를 파서 그렇다는 것이다. 그러나 마을 우물과는 1km 정도 떨어져 있을 뿐 아니라, 그 중간에 작은 개울과 산등이가 있어 수맥이 연결된 것이 아니기 때문에 지하수 개발과 관련 지우기에는 무리라고 하였더니 이해하고 돌아갔다.

유해가스와 침출수가 나오고, 지반이 안정되지 않아 수목원 조성을 해서는 안 된다는 환경·시민단체의 반발, 침출수 피해로 농사를 망쳤으니 보상을 먼저하고 공사를 하라며 시위를 벌였던 진천동 사람들로 곤욕을 치렀는데 한실 사람들마저 시위를 할까 봐 가슴이 조마조마했던 터라 이해하고 돌아가서 주민들을 설득해 주신 권 대표님의 고마움은 오랜 세월이 지난 지금도 잊지 못한다.

권 대표님은 그 이전 성토 작업을 할 때, 포지에 깔아 놓은 흙에서 발생되는 먼지로 한실 마을 사람들이 빨래를 널어놓을 수 없다며 시정을 요구해 당시 윤길수 주무관을 통해 물차로 근무시간은 물론 근무시간이 끝나도 잔업을 하며 물을 뿌려 먼지가 날리지 않도록 했었던 적이 있다.

화목원花木園의 상사화

 대구수목원의 25개 소원(小園) 중 하나인 화목원은 말 그대로 꽃이 피는 나무나 풀을 중심으로 조성된 공간이다. 이곳 중간 쯤에 상사화(相思花)가 심어진 곳이 있다. 상사(相思)는 '서로 생각하고 그리워함'이라는 뜻이다.

 이는 상사화의 생태적인 특징이기도 하다. 즉 이른 봄에 싹이 터서 30cm 정도 자라다가 6월 하순경 잎이 마르면서 흔적을 감추었다가 8월 중순경 꽃대를 불쑥 내밀고 그 끝에 몇 개의 봉오리를 맺어 꽃이 피기 때문에 잎과 꽃이 함께 하는 시간이 없어 서로 그리워하는 꽃이라 부르기 때문이다. 특히, 이루어질 수 없는 남녀 간의 사랑이 너무 지나쳐 병으로 발전한 것을 상사병(相思病)이라고 하는데 이 역시 상사화의 이런 습성에서 불리게 된 것이다. 꽃말 역시 '이루어질 수 없는 사랑'이다.

 "아주 오랜 옛날 산사 토굴에서 정진하던 젊은 스님이 소나기가 내리던 어느 날, 불공을 드리러 왔다가 나무 밑에서 비를 피하고 있는 한 여인을 보았다. 이후 깊이 사모하며 가슴앓이를 했지만 그녀와의 사랑은 이루어질 수 없었다. 100여 일 후 그 여인은 죽게 된다. 이에 스님은 그녀를 그리워하며 토굴 앞에 이름 모를 풀을 심었는데, 봄이 되자 잎이 났다가 말라 죽고 여름에 꽃대가 나와서 꽃이 피므로, 잎은 꽃을 보지 못하고 꽃은

잎을 보지 못하게 되니 상사화라고 하였다"는 전설이 있다.

　나는 이런 남녀 간의 사랑 이야기와 달리 이 꽃을 '어머니의 꽃'이라고 마음에 새겨두고 있다. 올해 94세인 어머니는 전처의 아들 삼 형제, 딸 둘, 당신의 배로 아들 넷, 딸 하나를 낳아 모두 10남매를 건사한 분이다. 가난한 집에 돌아가신 큰 어머니 다음 재취(再娶)로 시집와서 살림하랴 자식들 키우랴 고생이 많았을 것이지만 불평 한 번 들어보지 못할 정도로 숙명으로 받아들이시고 살아오신 분이다.

　지금은 요양원에 계신다. 10여 년도 더 전에 아버님이 돌아가시고 오랫동안 혼자 시골집을 지키며 가끔은 마을 경로당에 가시기도 했지만 많은 시간을 혼자 보내셨다.

　시골집 우물가 텃밭에는 상사화가 많았다. 이른 봄 어느 풀보다 잎이 일찍 돋고, 늦여름 연분홍 꽃이 아름답게 피지만 그 꽃을 보고 예쁘다든가 곱다든가 하는 이야기는 하지 않으셨다. 그러나 이 꽃은 오랜 기간 무료하게 보냈던 어머니의 눈길과 마주하며 위안을 준 꽃이다.

　나는 고향에서 이 꽃을 가져와 수목원의 화목원에 심었다. 어머니의 사랑을 느껴보고 싶기도 했지만 당신의 아들이 힘들게 조성한 이곳의 흙냄새를 맡으며 비록 큰돈을 벌고 출세는 못했지만 그래도 실망스러운 아들이 아니라는 것을 알아달라는 염원도 담았다.

고향집 우릉사에서 가져와 심은 상사화

   공적으로 조성한 이곳에 사적(私的)인 이유로 꽃을 심은 것을 두고 비난할 사람이 있을지 모르지만 다른 아름다운 꽃은 많은데 비해 상사화는 없었기 때문이다. 이외 꽃개오동나무도 심었다.

   수목원은 자연학습, 식물교양강좌 등 여러 기능 이외에 종(種)을 많이 보유하는 것도 설립 이유 중 하나이다. 따라서 수목원에 없는 식물을 구해 심는 것은 수목원에 필요한 일이다.

퇴직을 하고도 가끔 수목원을 방문한다. 주로 공휴일이나 토·일요일을 이용하는데 평일에 갔다가 직원을 만나면 상사였던 나를 부담스러워하기 때문이다.

그러던 어느 날 수목원을 찾아 한 바퀴를 돌아보고 늘 하던 대로 상사화가 심어진 곳을 찾았다. 그런데 이게 웬일인가 한 포기도 없었다. 나중에 알아보니 약용식물원으로 옮겼다고 한다.

필요에 의해 옮긴 것은 이해하지만 그래도 서운했다. 조그마한 귀퉁이에 심어 두었으니 영구히 그 자리에 있을 것으로 믿고 후임들에게 부탁하지 않은 내 잘못이려니 생각하니 마음이 어느 정도 가벼워졌으나 그래도 아쉬웠다.

그 후 수목원을 찾을 때도 비록 빈자리이기는 하나 그곳을 스쳐 지나가는데 언젠가 봄에 찾았더니 새싹이 듬성듬성 돋고 있었다. 주변을 살펴보니 새로 심은 것은 아닌 것 같고 약용식물원으로 옮길 때 깊이 박혀 있어 못 캐 간 뿌리에서 싹이 돋은 것이었다.

감격이 새로웠다. 한걸음 더 나아가 이런 끈질긴 생명력은 나의 바람을 배려한 상사화 정령(精靈)의 보우함이 아닌가 하는 생각이 들었다.

어느 시민의 편지

신문이나 TV를 통해 수목원 조성이 대구 사회에 큰 이슈가 되고, 특히 부정적인 보도와 시민단체의 반대로 힘겨워 하고 있을 때 일면식도 없는 한 시민으로부터 편지가 왔다.

아! 그래도 많은 시민 중에 누군가 나를 지켜보면 내가 하는 일을 지지하는 사람이 있구나 하는 생각을 하니 용기가 솟아올라 다시 몸을 추슬러 힘을 낼 수 있었다.

오랫동안 대구시청에 몸담았다가 은퇴하고 나면 가끔은 시정에 대해 할 말이 있다. 그러나 대부분은 혹 후배들에게 누가 될까 그렇지 못하고 있는 것을 감안하면 시민으로 그것도 직위도 높지 않는 나를 손 편지로 지지해 준 것이 너무나 고마웠다.

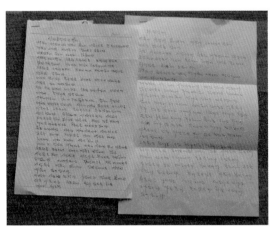

신문, TV 등 언론이 부정적인 보도와 시민단체의 반대로 힘겨워 하고 있을 때 일면식도 없었던 시민이 격려 편지를 보내와 다시 몸을 추슬러 수목원 조성에 매진할 수 있었다.

이정웅 장장 님 귀하

나무들이 가장 좋아하는 계절이 봄인지 여름인지는 잘 모르겠습니다만, 계절은 어느덧 한여름으로 접어든 것 같습니다.

바쁜 업무에 수고가 대단히 많습니다. 대곡동 쓰레기장에 수목원 조성 사업을 본청에서 하는지 임업시험장에서 하는지는 확실히 모르겠습니다마는, 수목원을 조성하는 것이 논란이 되어 마음이 가볍지는 않을 것 같습니다. 아무리 뜻이 있고, 좋은 일을 하더라도 다소간 반대하는 사람은 있게 마련입니다.

저는 지금 논란이 되고 있는 수목원 조성 사업에서 장장님의 의견에 찬성하는 입장입니다. 7만여 평에 가스가 조금 분출된다고 잡초가 무성한 폐허로 버려두는 것보다는 다소의 예산이 들더라도 쓰레기장을 아름다운 수목원으로 조성하는 것은 무척 뜻있는 일이라고 생각합니다.

공무원이란 이 선생님처럼 사심 없이 오직 국민을 위해 봉사하는 마음으로 공적인 일을 위해서 최선을 다하는 것으로 책임을 다하는 것입니다. 물론 하다 보면 다소의 계획 차질이나 시행착오도 있을 수 있지만 책임감을 가지고 열심히 하면 누구라도 이해하리라고 생각합니다.

현재의 장장님 계획대로 외국의 사례와 같이 아름다운 수목원을 조성하여 대구의 명물로 만들어서 많은 시민들로부터 사랑받는 아름다운 휴식처로 조성하시기 바랍니다.

그때가 되면 자연적으로 지금 반대하는 사람들도 면목이 없어지고 장장 님에게도 미안한 마음이 들 것입니다.

이번의 사소한 논란이 수십 년 후 더욱 아름다운 수목원이 될 수 있도록 하는 계기가 되도록 더욱더 조사하고 연구하여 장장님이 구상하고 계시는 아름다운 수목원으로 만들어 주시기를 바랍니다.

안녕히 계십시오.

1998. 6. 18
대구시 동산동 623번지 이성진 올림

*기사가 게재된 신문을 동봉하오니 잘 보관하셨다가 수목원이 완공된 후 읽어 보시고 추억으로 간직하십시오.

이상은 이성진 님이 보낸 편지의 전문이다. 나는 이 편지로 천군만마를 얻은 기분이었다. 비록 편지를 보내 격려를 하지 아니하고 있지만 시민 중에는 이 선생과 같은 분이 일부 있으리라고 생각하니 용기백배했다.

나는 이 편지를 지금도 소중하게 간직하고 있다. 수목원이 '20년사'나 또 백서 등 또 다른 방법으로 자료를 정리한다면 이분의 편지도 반드시 기록되어야 하고, 영구 보존되어야 할 귀중한 자료라고 생각된다. 만약 이도저도 아니면 내 개인적인 가보(家寶)로 보존하겠다.

그 후 내가 수목원을 떠나 녹지과장으로 있을 때 이 선생으로 부터 또다시 한 통의 편지를 보냈다.

과장님께

녹음이 점점 더 짙어져 가는 계절에 여러 가지 공무에 노고가 많으실 줄 압니다. 저는 이성진이라는 사람으로서 수목원 계획 당시에 과장님께 글을 한번 드린 적이 있으며 모든 면에 해박한 지식을 갖고 게시는 과장님을 존경하고 있습니다.

수목원이 조성된 지 벌써 몇 개월이 지났는데 며칠 전에야 한 번 다녀왔습니다. 계획부터 시작하여 시행과정에서 환경단체와 언론에서 많은 반론도 제기하여 무척 어려움이 많았으며 누구보다도 마음

고생이 컸기 때문에 남다른 감회가 있을 것입니다.

앞으로 몇 년이 더 지나면 정성들여 심어 놓은 식물들이 모두 착근을 할 것이고 그때가 되면 지금과는 또 다른 모습의 훌륭한 수목원이 되어서 후손들에게 물려줄 크나큰 자산이 되며, 해가 거듭될수록 우리나라의 명소가 될 것입니다.

이 모든 것은 오직 과장님의 보이지 않는 노력의 결과라고 생각합니다. 수목원을 둘러본 느낌 한 가지를 전해 드립니다. 저가 수목원을 둘러 볼 때에는 그렇게 많은 사람은 없었는데 지면에 설치된 스피커에서 동촌유원지나 수성못에서 자주 들을 수 있는 대중가요가 흘러나와서 유원지에 온 듯한 느낌이 들었습니다. 흥겨움보다는 차분한 분위기에서 수목원을 거닌다고 생각하면 대중가요보다는 클래식이나 가곡 쪽이 좋지 않을 까 하는 생각이 들었습니다.

앞으로 수년이 지나면 경기도에 있는 광릉수목원보다도 더욱 훌륭한 수목원이 되리라고 확신하며 다시 한 번 과장님께 감사드립니다. 늘 건강 하십시오.

2002년 6월 4일
이성진

두 번째 편지를 보면 이 선생은 첫 편지를 보낸 4년 후 완공된 수목원을 다시 찾았다. 그렇다면 그동안 수목원 조성과 진행 상황을 쭉 봐왔던 것 같다. 얼마나 고마운 일이냐 나는 이 선생의 편지를 읽고, 부끄러운 생각이 들어 클래식이나 가곡으로 바꾸면 좋겠다는 의사를 수목원에 전달했고 그 후 수목원에서는 음악을 바꾸어 지금까지 그대로 하고 있다.

오래전 어떤 모임에서 내게 인사를 한 연로한 여성 분을 만났더니 편지를 보낸 이 선생의 부인이라고 했다. 반갑다고 인사를 하고 이 선생의 안부를 물었더니 잘 지낸다는 이야기를 들었다. 내가 썼던 책 한 권을 드리고는 헤어졌다.

돌이켜 생각하면 아무리 바빠도 내게 큰 용기를 주고 수목원 조성이 옳다는 것을 지지해 준 고마운 분인데 내외분께 식사라도 한 번 대접을 하겠다는 약속을 하지 못한 것이 너무 아쉽다. 이 글을 보시면 꼭 연락해 주셨으면 합니다.

이팝나무

대구를 상징하는 시목(市木)은 전나무이고, 시화(市花)는 목련(사진으로는 백목련)이다. 따라서 수목원에는 시목이나 시화가 당연히 있어야 할 나무들이다. 따라서 시민들이 쉽게 볼 수 있는 곳에 심어져야 한다. 그래서 진입로로 들어오면 바로 볼 수 있도록 광장 앞 좌우 양측에 각기 시화원(市花園) 시목원(市木園)을 조성했다.

시목원 옆에 이팝나무 노거수가 한 그루 있다. 이 나무는 전 유가초등학교 옆으로 도로를 확장하는 과정에 편입되어 베어 내야 할 처지에 놓여 있던 두 그루 중 한 그루이다.

달성군 박원길 산림과장으로부터 제보를 받고 공사를 일시 중단 시키도록 하고 옮겨온 나무다. 당초 두 그루를 양측에 심었으나 좌측 시화원 부근에 심었던 수형이 더 좋은 것은 죽었다. 현존하는 것은 고속도로 터널을 통과하는 과정에 수관(樹冠)일부가 망가졌다.

수목원에서 공식적으로 최초로 심어진 나무이자 앞산이 자생지라는 설이 있어 시화로 지정하려다가 못한 나무라 더욱 애착이 간다. 앞산순환도로 가로수로 이팝나무를 심고, 내가 사이버상의 이름을 이팝나무로 한 것은 이런 사연이 있는 나무이기 때문이다.

꽃잎이 쌀알과 같아 쌀밥의 옛말인 이밥을 닮아서 이팝나무라고 한다는 설과 24절기의 하나인 입하(立夏)를 전후해서 핀다 하여 입하가 이팝나무로 변했다는 두 가지 설이 있다.

또한 풍흉(豊凶)을 점치는 나무라고도 했다. 즉 그해 꽃이 많이 피면 풍년이 들고 반대로 꽃이 적게 피면 흉년이 든다는 것이다. 그 이유는 매우 과학적이다.

옛날에는 쌀농사는 못자리가 반농사라고 한다. 이때 못자리는 수리시설이 발달된 지금과 달리 하늘에서 내리는 비에 의존할 수밖에 없었다. 그때 비가 적게 오면 못자리를 할 수 없어 흉년이 들 수밖에 없었고 물을 좋아하는 이팝나무도 꽃이 적게 피게 마련인 것을 관찰한 결과라고 한다.

이팝나무는 우리나라 1,000여 종의 나무 중에서 대구가 자생지로 알려진 나무이다.

시화는 대구와 관련된 향토성이 있는 나무나 풀의 꽃이라야 하고, 이름다우며, 이식이 용이하여 집집마다 키우기 좋은 나무를 기준으로 해야 한다면 아주 적합한 나무이기 때문에 아쉽다. 특히, 개화기가 가정의 달 오월 초순이라 축제를 하기도 좋은 나무이다.

소리쟁이

 환경·시민단체 측의 반대 논리가 억지라는 주장을 '소리쟁이'가 잘 대변해 주어 고소(苦笑)를 금치 못했었다. 수목원 조성계획이 엉터리라는 것을 폭로(?)하기 위하여 환경·시민단체에서는 폐기물 전문가인 서울 모 대학의 안 모 교수를 초빙해 현장을 둘러보았다.

 그러던 중 안 교수가 꽃대가 말라 죽어 있는 '소리쟁이'를 보고 가스 피해일 가능성이 높다고 하자 이에 함께 했던 관계자들은 그것 보라는 듯 얼굴빛이 변했다. 가스나 침출수로 피해가 있을 것이라는 심증은 가나 특별한 증거를 확보하지 못한 그들로서는 이 풀이 바로 정확한 증거(?)이기 때문이다.

소리쟁이는 여느 식물과 달리 6월 하순경 열매를 맺으며 잎이 말랐다가 다시 살아나는 풀이다. 이런 식물의 특성을 모르고 가스 피해인 것이라고 해 고소(苦笑)를 금치 못하게 했다.

 그러나 대곡 쓰레기 매립장뿐만 아니라, 다른 어느 곳도 수년 동안 방치해 놓으면 달맞이, 개망초, 전동싸리, 강아지풀, 명아주, 참비름 등 여러 종류의 풀이 무성하기 마련이다.

소리쟁이 역시 그 많은 풀 중의 한 종류로, 일반적으로 봄에 꽃이 피었다가 가을에 열매가 익는 여느 풀과 달리 이른 봄에 싹이 터서 5월에 녹색의 꽃을 피우고 열매를 맺었다가 6월 하순경 잎이 갈색으로 마르는 특징을 가지고 있다.

이런 생활사는 봄에 잎이 나서 초여름에 꽃을 피우고 늦여름에 잎이 말라죽는다고 한방(韓方)에서 하고초(夏枯草)라고 하는 꿀풀과 비슷한 생활사를 가지고 있다. 그런데 소위 전문가라고 하는 교수가 소리쟁이의 이런 특징도 모르고 가스나 침출수의 피해로 말라죽고 있다고 하니 참으로 어이없는 일이 아닐 수 없었다.

이 한 가지만으로도 그들의 반대 논리가 사실을 지나치게 왜곡시킨다는 것을 보여주는 사례가 될 수 있다. 환경·시민단체에서는 앞산이나 두류산 같은 곳을 두고 왜 하필이면 쓰레기 매립지에 굳이 수목원 조성을 고집할 필요가 있느냐고 했다. 그러나 조성비만 해도 100억 정도 드는데 여기에 부지 매입비까지 추가한다면 사업비가 지나치게 많아진다. 또한 수목원이라는 것이 나무나 풀만 모아 놓는 것으로 역할이 끝나는 것이 아니라, 종 보존, 청소년 자연학습, 일반 시민의 사회교육 등 다양한 프로그램을 운영해야하기 때문에 전문가 집단을 확보하고 있는 기관에서 운영하는 것이 바람직하다.

특히, 쓰레기 매립장에 수목원을 조성하는 것은 지역이기주의로 각 지자체가 쓰레기 매립지를 확보하기 어려운 현실에서 매립 이후 활용 방안을 전국에서 처음으로 제시했다는 점에서 선구적인 역할을 수행하는 사업이고 따라서 대구는 물론 우리나라 폐기물 정책에 변화를 가져오게 했다.

소리쟁이 _ 마디풀과의 식물로 소리쟁이 또는 소루쟁이라고도 한다. 열매가 익으면 바람에 흔들려 소리가 난다 하여 소리쟁이라는 이름이 붙었다고 한다. 뿌리는 굵고 곧으며 황색인데 살이 쪄서 두툼하며, 줄기는 곧게 서서 자라고 세로줄이 많으며 녹색 바탕에 흔히 자줏빛이 돈다. 뿌리를 양제근(羊蹄根), 잎을 양제엽(羊蹄葉), 씨를 양제실(羊蹄實)이라 하여 사료 · 식용 · 약용으로도 이용된다. 어린잎을 식용으로 쓰기도 한다. 약으로 쓸 때는 탕으로 하거나 생즙을 내어 사용하며, 술을 담가서도 쓰기도 하는 여러해살이 풀이다.

복토覆土 작업 중에 있었던 오해

대곡 쓰레기장은 1986년부터 쓰레기를 묻기 시작하여 1990년 매립이 완료되었다. 1995년 조해녕 시장으로부터 양묘사업소의 묘포장으로 사용해도 좋다는 결재를 받고 약 1m정도의 복토되어 있는 상태에서 청소과로부터 인계를 받았다.

그러나 여러 종류의 묘목(苗木)이나 꽃을 심으려면 많은 양의 복토가 필요했다. IMF 전이라 건설 경기는 호황이었고 역내의 청구, 우방, 보성, 화성 등의 아파트 건설도 활발했으며, 시에서 발주한 지하철 1호선 공사, 상화로 건설 현장에서도 많은 잔

흙 넣은 곳 외 포클레인과 불도저를 상주시키고 수목원이 요구하는 대로 정지 작업을 하느라고 오히려 손해를 봤다고 했다.

토가 나왔다.

그러나 발생되는 양이 워낙 많다보니 민간 아파트 건설현장에서는 왜관이나 고령 등 먼 곳까지 가서 버려야 함은 물론 10톤 트럭 한 대당 3만 원의 돈을 준다고 했다. 이렇게 반출되는 잔토는 주로 무논이나 습지를 메워 토지이용률을 높이는데 쓰인다고 하였다. 이런 형편이다 보니 각 업체에서는 서로 수목원에 잔토를 넣으려고 했다. 무료이자, 거리가 가깝기 때문이다. 그러나 산업폐기물이 반입될 경우 식물 생장에 장애를 줄 수 있기 때문에 몇 가지 조건을 내걸었다.

첫째는 조합 같은 것을 만들어 창구를 단일화해 수목원과 협의할 것 둘째는 나쁜 흙인지 좋은 흙인지 우리 직원의 사전 검사를 받아 합격해야만 반입을 허용한다. 셋째, 만약 불량한 흙을 넣다가 적발되면 현장에서 바로 돌려보내도 이의를 제기할 수 없다. 넷째, 포클레인과 불도저를 항상 현장에 배치하여 수목원이 요구하는 대로 정지(整地)작업을 해줄 것 등 이었다.

부지 247,596㎡(74,898평)에 높이 6~7m로 복토하여 총 150만㎥, 즉 10톤 트럭으로 15만 대가 동원되었다. 큰 덤프트럭이 지날 때마다 소음이 나고 흙먼지가 날린다는 민원도 있었지만 큰 문제없이 완료했다.

이 일은 독일 병정이라고 할 만큼 원칙주의자인 이상석 주무관이 담당했다. 이렇게 복토 작업이 완료될 무렵 관할 달서경찰서 정보 형사가 찾아 왔다. 집에서 난을 키울 정도로 꽃을 좋아하는 그는 업무 이외에도 가끔 들러 아는 사이였다. 이런저런 이야기를 하다가 나와 이상석 주무관의 뒷조사를 다 해봤다는 것이다. 앞서 말한 것처럼 거리가 먼 고령이나 왜관에 버려도 1대당 3만 원을 주는데 그보다 더 가까운 곳이기도 하지만 무료인 만큼 서로 넣으려고 아우성인데 절대로 무료로 받지 않았을 것이다.

"1대 당 1만 원 받는 다더라"라는 소문이 있었으며 복토 기간 중 두 사람은 각기 "억대 이상 뒷돈을 받았을 것이다"라는 첩보가 있어 조사를 해 보았다고 했다. 그러나 잔토를 넣은 업자는 오히려 손해 봤다고 했다. 불도저와 포클레인을 상주시켜 수목원이 요구하는 데로 정지 작업을 하느라고 경비가 많이 들었다고 했다.

세 장관의 내방

수목원을 조성하는 과정에 세 분의 장관이 다녀갔다. 이상희 장관은 내가 자문을 받기 위해 초청했었다. 잘 알려져 있다시피 이 장관님은 대구시장으로 재임할 때 많은 업적을 남기신 분이다.

특히, 팔공산 자연공원과 두류공원을 조성하고 무뚝뚝한 대구 시민의 기질을 변화시켜 보려고 배롱나무 등, 꽃이 아름다운 나무와 삭막한 겨울에도 대구를 푸르게 하기 위해 목서, 호

김명자 환경부 장관 내방(중앙) 사진 오른 쪽이 김기옥 행정부시장, 왼쪽이 대구지방환경청장 앞에서 추진 상황을 보고하고 있는 사람이 필자. 그 옆으로 전삼열 계장, 뒤로 김장길 계장, 임성식 주무관이 배석했다.

랑가시나무, 종가시나무, 광나무 등 상록활엽수를 많이 심은 분이다.

이 장관께서는 살구, 매실, 감나무 등 유실수 심기를 권장했다. 지금은 체험학습이 일반화되어 가족과 함께 농가를 찾아 농작물을 접촉하는 아이들이 많지만 당시만 해도 쌀이 나무에 열리는 줄 알던 시대였다.

두 번째는 최재욱 장관이었다. 환경부 장관을 하고 있을 때였다. 국비를 지원받기 위해 처음 산림청을 방문하여 지원 금액을 확답 받았으나 총 사업비에 비해 턱없이 부족해 다른 방법이 없을까 고민하고 있을 때였다. 김돈희 국장과 함께 찾아간 곳이 예산청이었다.

예산청은 김대중 정부가 IMF로 어려운 국가재정을 효과적으로 집행하기 위해 야심차게 만든 기관이었다. 그러나 기존에 해 오던 사업이 아니라, 새로운 사업이라는 이유로 한 푼도 지원받을 수 없었다. 마지막 문을 두드린 곳이 환경부였다. 그때 환경부의 장관은 최재욱 씨였다.

최 장관은 달서구에서 국회의원에 나섰다가 이해봉 전 대구시장에게 패했으나 장관이 되었다. 수목원이 있는 곳은 그의 지역구이기도하고 고향이 고령이라 동향인 박병련 행정부시장의 노력으로 총 사업비 99억 원 중 39억 원을 지원해 주기로 결정한 터였다.

예고도 없이 수목원에 나타나셨다. 신정 휴가차 대구에 왔다가 들렀다고 했다. 조성 중인 현장을 한 바퀴 둘러보고 가셨다. 다음은 김명자 장관이었다. 최 전 장관이 비공식 방문인데 비해 그는 공식적으로 현장을 보기 위해 오셨다.

문 시장을 예방하고 김기옥 행정부시장이 모시고 수목원에 도착했다. 추진 중인 현장을 한 바퀴 돌아보신 후 현관에서 김 장관을 가운데 모시고 행정부시장과 우리 직원들은 함께 기념 촬영을 했다. 당시 공식적으로 개원은 하지 않았지만 관심 있는 사람들이 구경 차 더러 왔다. 때마침 아주머니 몇 분이 와서 환경부 장관님이라고 소개했더니 미인이라면 사진 찍기를 원해 함께 찍으며 활짝 웃었던 일이 생각난다.

우공이산

어느 휴일 모처럼 수목원을 찾아 사무실로 올라가니 일직을 하던 두 분이 불쑥 나다난 나를 반갑게 맞아

愚公移山

주며 차까지 대접했다. 떠난 지 오래되었지만 알고 있었던 것 같다.

벽을 바라보니 '우공이산(愚公移山)'이라고 쓰인 목각 편액이

눈에 들어와 감회가 새로웠다.

수목원 조성에 동분서주하고 있을 때, 모 장애인협회에서 회원들이 손수 만든 제품 한 점을 사 주면 좋겠다는 전화가 와서 샀던 것이다.

무슨 내용의 글을 썼으면 좋겠느냐고 물어 얼떨결에 한 답이 '우공이산(愚公移山)'이었다. 이 글은 열자(列子) 탕문편(湯問篇)에 나오는 고사다. 수목원을 조성하는 일이 힘들다 하여도 어찌 우공이 산을 옮긴 고사에 비유하랴만 당시는 언뜻 그런 생각이 들었다.

사실 그때 나는 사면초가(四面楚歌)였다. 인근 주민, 환경·시민단체는 물론 언론 등으로부터 가스가 분출되고, 침출수가 나오며, 지반이 안정되지 않은 이곳에 수목원을 만드는 것은 무모하다며 비난했기 때문이다.

그런데 그 후 방문하니 그 편액이 없어졌다. 세월이 지나면서 내가 남긴 것들 중 없어진 것이 한두 가지가 아니지만 이 액자마저도 없어지니 너무 서운했다. 사비(私費)로 산 것이기에 더욱 그랬다. 혹시라도 창고로 옮겨 어느 구석진 곳에 버려져 있다면 내가 가지려고 찾아보라고 부탁을 했으나 아무도 행방을 몰랐다.

나무를 심은 사람들

사무실보다 밖에서 하는 일이 많은 수목원은 시쳇말로 비 오는 날은 공치는 날이다. 사무실이나 비닐하우스 안에서 하는 일 말고는 모든 현장이 올 스톱된다. 이때 농기구를 수리하거나 휴식으로 시간을 보낼 때가 많다.

직원을 포함한 현장에서 일 하는 사람들에게 이 시간을 통해 수목원 조성의 목적을 비롯해 나무 심는 일이 이 시대의 주요 화두라는 것을 이해시켜 지금은 힘들지만 훗날에는 보람 있는 일이 될 것이라는 것을 이해하도록 하고 싶었다.

그래서 생각한 것이 교육적인 효과가 있는 나무나 숲, 수목원에 관련된 비디오테이프를 틀어 주는 일이라고 생각했다.

대표적인 프로가 장지오노(JeanGiono, 1895~1970) 원작을 만화화한 〈나무를 심은 사람〉과 영화 〈편지〉였다.

나무를 심은 사람은 작가가 말했듯이 사람들로 하여금 "나무를 사랑하기 위해 그리고 나무를 심는 것을 사랑하기에 이 작

아내와 아이를 잃고 앉을 자리서 외롭게 살고 있으면서도, 자기 소유의 산도 아니고, 누가 시키지도 않은 프로방스 지역의 황무지을 나무가 울창한 숲으로 만든 소설 〈나무를 심은 사람〉의 주인공 '엘제아르 부피에'의 영상 실루엣

품을 썼다"고 한 소설이다.

줄거리는 프랑스 남부 프로방스 지방을 여행했던 한 여행객의
이야기로부터 시작된다.

"약 40년 전 그가 찾은 곳은 고도 1200~1300m의 메마른 고
원지대였다. 그는 그곳에서 30마리의 양을 키우는 양치기를
만나 하룻밤을 신세지게 되었다. 그날 밤 양치기는 한 자루의
도토리 중에서 벌레가 먹지 않은 아주 튼실한 100개를 고르더
니 잠자리에 들었다.

이튿날 아침 양을 몰고 나가는 양치기를 따라나섰다. 200여
미터를 올라간 양치기는 그곳에 지난밤에 골라 놓은 떡갈나무
도토리를 구덩이를 파고 묻기 시작했다. 당신의 땅이냐고 물었
더니 아니라고 했다. 이 작업은 점심을 먹고도 계속되었다. 그
리고는 3년 전부터 시작해 10만 개를 묻었으며 그 중 2만 개가
싹이 트고 그 가운데 절반은 죽고 1만 그루는 자라고 있다고 했
다. 그때 양치기의 나이는 55세라고 했다.

이름은 '엘제아르 부피에'이고 하나 밖에 없는 아들이 죽고
뒤이어 아내마저 죽자 양떼와 개 한 마리를 데리고 헐벗고 외
진 이곳으로 왔으며 죽어가는 이 땅을 살려 보려고 결심했다
고 했다. 양치기는 하느님이 건강을 허락한다면 계속해서 나
무를 심을 것이며 30년 후면 현재 1만 그루는 창해일속(滄海
一粟, 넓고 큰 바닷속의 좁쌀 한 알이라는 뜻)에 불과할 것이

라고도 했다.

양치기는 또 수종을 너도밤나무로 바꾸기 위해 묘(苗)포장을 조성해 놓았으며 이어 습기가 있는 곳에는 자작나무를 심을 것이라고 했다. 그는 1차 대전에 참전하여 5년의 군복무를 마치고 다시 그곳을 찾았다. 전쟁 중 많은 사람이 죽는 것을 보았고 5년이라는 세월이 흘렀기에 엘제아르 부피에도 죽었을 것으로 생각했다.

그러나 살아있을 뿐 아니라 오히려 활력이 넘쳤다. 전에 심었던 나무들은 크게 자라 있었으며 묘포장에서 키웠던 너도밤나무도 산을 덮고 있었다. 양치기는 잘 자란 자작나무 숲을 보여주었다. 이렇게 숲이 우거지자 산림청의 관리(官吏)가 이곳을 방문하고 정부의 대표단이 방문했다. 그들은 이 숲이 엘제아르 부피에가 심은 것이라고는 상상도 하지 못하고 자연의 힘에 의해 저절로 이루어진 숲이라고 생각했다. 그들은 이 숲을 지켜야 한다며 국유림(國有林)으로 등록하고, 벌채 등을 허가하지 않을 것이라고 했다. 1939년에는 2차 세계대전이 발발했다. 군수물자를 운반하는 차는 목탄가스를 이용했다. 따라서 전국의 많은 숲이 벌채되었으나 이곳은 워낙 외진 곳이라 보존될 수 있었다.

황폐했던 그곳에 나무가 우거지고 메말랐던 개울에 물이 흐르자 폐허가 되었던 마을에 사람들이 돌아와 활기가 넘치게 되고 때론 젊은이도 이곳에 와서 살기 시작했다. 37년간 누군가 알

아주는 사람도 없고 아무런 보상도 없이 오직 나무 심기에 몰두했던 엘제아르 부피에는 한 요양원에서 89세를 일기로 세상을 떠났다."라는 것이 대강의 줄거리다.

이 소설은 한 인간이 끈질기게 노력하여 황무지를 생명력이 넘치는 옥토로 바꾸었다는 사실에 깊은 감동을 줄 뿐만 아니라 아들과 사랑하는 아내를 잃고 고독했던 한 인간이 그 외로움을 나무 심는 일로 극복했다는 점에서 인간 승리로도 생각할 수 있게 한다. 모든 식물은 땅을 정화시키고 인간을 정화시킨다는 말이 실감나게 하는 소설이다.

또 다른 영화 '편지'이다 이 영화의 여자 주인공 정인(최진실)은 국문학을 전공하며 장차 교수가 되려 한다. 그녀는 서울로 출퇴근하는데 기차를 이용하며, 날마다 누군가 기차역에서 공짜로 손님들에게 나누어 주는 꽃 화분을 가지고 간다.

정인은 항상 그 꽃 화분을 누가 나누어 주는지 궁금해 한다.

영화 '편지'의 포스터

어느 날 그녀는 출근길에 서두르다 지갑을 잃어버린다. 기차가 출발하고 나서야 그 사실을 알게 된 정인. 그러나 기차 창밖으로 백마 탄 기사가 나타난다. 그의 이름은 환유(박신양) 삼림 자원을 연구하는 연구소 직원이다.

이 우연치 않은 계기로 둘은 친해지고, 기차역에서 화분을 나눠주던 당사자가 환유라는 사실도 알게 된다. 유학을 준비하던 환유는 정인에게 청혼하는데, 망설이는 정인의 마음을 잡기 위해 사용하는 것이 앞뒷면이 같은 동전이다.

물론 정인은 이 사실을 나중에야 알게 되지만, 둘은 동화 속 집 같은 수목원 관사에서 살림을 차린다. 하지만 행복했던 시절도 잠시, 둘에게 불행이 다가온다. 환유가 악성 뇌종양이라는 사실, 정인은 눈물을 흘리지만, 환유는 담담하게 그녀를 위로한다. 그리고 정말 아름답지만 처절한 가슴 아픈 시간들이 지나고, 정인은 세상에 홀로 남겨진다. 무기력과 방황, 혼란에 빠진 정인. 그녀에게 편지가 한 통씩 날아들기 시작하는데 이 남편의 편지로 힘을 얻고 정인은 일상으로 돌아가 아들을 낳고 살아가게 된다.

이 영화는 1997년 이정국 감독의 작품이다. 내용도 심금을 울리는 좋은 작품이지만 남자 주인공이 나무와 숲을 사랑하는 임업연구원 직원이라는 점과 비록 짧은 기간이었지만 그들의 보금자리가 연구원 관사로 실제로 국립수목원이었다는 점이다.

나는 대구수목원도 장차 이런 영화의 촬영지가 될 만큼 아름답게 조성하고 싶었다. 이 영화를 감상한 모든 구성원들이 나와 같은 생각을 가지고 힘들지만 즐거운 마음으로 수목원 조성에 임했으면 좋겠다는 생각을 공유하고 싶었다.

이 영화는 당시 대단히 인기가 있었다. 모 여행사에서는 영화의 무대가 된 국립수목원을 답사하는 전세버스도 운영했었다.

대구시 양묘사업소로 출발한 수목원관리사무소는 그 이전 즉 1996년 10월 10일부터 임업시험장이었다가 2002년 3월 30일 현재의 이름으로 확정되었다.

따라서 필자는 1996년 10월 11일부터 1999년 6월 7일까지 2년 8개 월 동안 수목원 조성에 참여했지만 공식적인 직함은 임업시험장장이었다.

즉, 처음 계획 단계부터 조성을 주도했지만 공식적으로 수목원 소장이라는 직함은 갖지 못했다.

당시 임업시험장의 직원은 장장을 비롯해 행정사무를 보는 직원(정규직)과 현장을 지도, 감독하는 농림원(기능직)이 있었고, 비정규직으로 포장(圃場)에서 직접 일 하는 사람으로는 상용인부와 일용인부로 이원화되어 있었다.

특히, 농림원의 경우 공무원 신분이기는 하나 시험을 쳐서 공채로 들어오는 지금과 달리 알음알음으로 들어오는 경우가 많았다. 따라서 일부 농림원은 자질이 다소 떨어져 근무 중 음주

대구수목원을 계획, 추진하고 준공에도 참여했지만 나의 공식 직함은 임업시험장장이었다.

로 동료들에게 피해를 준다든가 무단결근을 자주하여 업무 분위기를 흐리게 하는 사람도 더러 있었다.

이런 여건이기 때문에 조직에 부하(負荷)된 업무를 신속하고, 원만하게 처리하기 어려웠다. 그래서 생각한 것이 농림원을 줄이고, 대신 연구사(研究士)와 상용인부를 증원했다.

나는 상용인부(현, 무기 계약직)에 대한 매력이 많았다. 2~3년 근무하다가 교체되는 정규직보다 장기적으로 근무할 수 있어 업무의 영속성을 유지할 수 있고, 성실성 여부에 따라 인사위원회 의결을 거쳐 시장이 해임하는 정규직원이나 농림원과 달리 장장이 자유롭게 해임할 수 있으며, 한 분야를 계속 전담시킴으로 전문성을 높일 수 있기 때문이다.

수목원에는 약초, 선인장, 야생화, 분재 등 다양한 식물이 있고, 이들은 각기 생육환경이 다르다. 따라서 짧은 기간에 한살이를 파악하기는 어렵다. 이런 점을 극복하기 위해 처음 시도한 한 분야가 선인장 관리였다.

상용직 한 사람에게 선인장 관리를 전담시켜 재배기술을 숙지하게 한 다음 주중 어느 한 날을 택해 가칭, '선인장 교실' 같은 것을 열어 시민들을 상대로 재배와 관리요령을 가르쳐 시민들의 정서 순화에 기여하고, 이를 야생화, 분재 등으로 확대하면 좋을 것 같다는 생각이 들어서였다.

이 계획은 시민들의 참여를 높여 시민들의 수목원이라는 인식을 가지도록 하는 이점도 있지만 나날이 개체수가 증가하는 선인장, 약초, 야생화를 참여자들에게 나누어 시민들이 비싼 돈을 들여 시중에서 구입하지 않아도 되게 할 수 있다. 수목원에 자라는 식물은 개체수가 해마다 늘어난다. 적당한 양의 표본을 보존하고 이외에는 버려야할 실정이다. 이렇게 남는 묘목을 시민들에게 나누어 주면 수목원은 개체수를 조절할 수 있고, 시민들은 돈 주고 사지 않아도 된다.

당시 김대중 정부는 공무원의 증원을 억제했다. 그렇지만 연구사는 농림원을 감원시키는 조건으로, 상용인부는 확대되는 일을 수행하기 위해 반드시 필요하다며 당시 이동길 조직 담당 사무관(서구청 총무국장으로 퇴직)의 협조로 증원할 수 있었다.

연구사 제도를 만들면서 기대 또한 컸다. 수목원은 100년, 200년 영속(永續)해서 관리가 되어야 하는데 소장을 비롯한 일반 직원은 2~3년 만에 딴 곳으로 옮겨 업무가 단절되는 폐해를 줄일 수 있기 때문이다.

그때 공채를 통해 연구사로 임용된 분은 경북대학 출신의 유성태, 강신구 두 사람이었다. 그러나 강신구 연구사는 국립수목원으로 전출 가서 이제 연구관으로 승진했고 지금 수목원에는 유성태 연구사만 남아 있다.

유 연구사는 현재 나무병원 운영, 교육, 행사, 자연학습, 소나무 재선충병, 산림문화전시관 운영, 수석전시실 관리 등을 담당하고 있다. 지도교수였던 박상진 교수에 의하면 유 연구사는 당시 의대(醫大)에 들어갈 정도의 실력이 있었다고 한다.

오늘날의 수목원이 있기까지 유 연구사는 살아있는 증인이다. 앞으로 연구직도 소장이 될 수 있도록 직제가 조정되어야 하고 그에게도 기회가 주어졌으면 한다.

당시 나는 연구사가 두 명이었던 만큼 한 분은 초본류, 다른 한 분은 목본류를 연구하도록 하여 국내 최고 전문가로 성장케 하여 대구수목원의 위상을 높이고 싶었다.

사실 대학 교수들은 이론적인 면은 앞서나 현장 경험이 미흡하다. 반면에 수목원의 연구사는 현장 경험과 전문지식을 겸비할 수 있어 더 유능한 전문가가 될 수 있기 때문이다.

더 욕심을 부려 가로수 수종으로 현재 심는 것 이외 대체할 만한 나무는 없는지, 대구가 겨울이 삭막한 만큼 상록활엽수로 대구에 심을만한 수종은 없는지, 은행나무 암나무의 경우 약재나 생장조절제로 열리지 않게 할 수 없는지, 어떤 야생화나 약초가 활용가치가 높은지 등 식물 전반에 대한 연구도 병행시켜 대구수목원이 대구시의 도시 녹화를 뒷받침하는 거점기관으로 자리 잡도록 하고 싶었다.

아울러 초본이든 목본이든 식물에 관한 문제라면 어느 대학이나 교수보다 대구수목원(연구사)에 물으면 다 해결되고 식물에 관해서는 가장 권위 있는 기관이 되게 하고, 국내는 물론 일본, 중국 등 외국의 전문도서도 많이 확보하여 식물에 관한 모든 자료는 대구수목원에 가야만 볼 수 있는 부설 도서관도 운영하고 싶었다.

진천 래미안아파트

　정신없이 바쁠 때 어떤 사람이 찾아와서 삼성물산에 근무하고 있다고 인사를 했다. 용무가 무엇이냐고 물었더니 건설 중인 진천래미안아파트 현장 소장이라고 했다.

　분양전단지 즉, "찌라시를 만드는데 이렇게 해도 되겠습니까."하면서 내미는 인쇄물을 보니 "아파트에서 도보 5분, 15만 평의 대구수목원을 우리 집 정원 같이 누릴 수 있다"(지금 기억으로는 대충 이런 내용이었던 것 같다)고 하는 표현과 함께 아파트와 수목원조감도를 엮은 그림이었다. 생각하지도 못했던

조성 중인 수목원과 멀리 보이는 진천 래미안아파트. 그 사이는 논으로 아파트에서 수목원이 한눈에 조망된다.

일이었고 또 바쁘기도 하여 "다음에 만나 한 번 더 검토해 보자"는 말을 하고 돌려보냈다.

그런데 나중에 보니 약속과 달리 인쇄를 하여 배부하고 있었다. 국내 굴지의 기업이라 신뢰하고 있었는데 괘씸하다는 생각이 들었다. 그때는 IMF 직후라 건설 경기가 불황일 때였다. 그런데도 분양이 잘 되었다. 기업 이미지도 좋지만 전단지 광고가 구매자들의 관심을 끌기도 했을 것이다.

소장을 불렀다. 약속을 어겨도 되느냐고 나무라면서 이미 지난 일이고 하니 화면이 큰 교육용 전자제품 한 대를 기증하라고 했다. 청소년들과 시민들에게 강의할 때 시청각 교재로 활용하기 위해서였다.

삼성이라고 기증자를 밝히면 기업의 이미지 제고에도 도움이 되지 않겠느냐고 했다. 그러나 그의 대답은 전자와 건설부분은 서로 다르며 대구에는 지역을 담당하는 삼성총괄책임자가 있으니 그와 협의해 보라며 자기로서는 불가능하다고 했다.

그 후 진천 래미안아파트는 분양이 잘된 것은 물론 프리미엄이 3,000만 원이나 올랐다는 소문이 파다했다. 일부 입주 예정자는 조성 중인 수목원을 찾아와 일하는 사람들에게 냄새는 나지 않느냐, 언제 완공하느냐 묻기도 했다고 한다.

어느 날 래미안에 사는 아는 분이 놀러왔다. 나는 농담으로 프리미엄의 백분의 일이나 천 분의 일은 수목원 발전기금으로 내놓아야한다고 우스개를 했다.

지금은 래미안아파트에서 대진중학교, 정부종합청사, 상가 등이 있어 수목원이 직접 보이지 않지만 그때는 전부 논이어서 한눈에 조망되었다.

대구수목원의 마스코트
들순이와 해피

청소과로부터 인수 받을 당시 쓰레기 더미로 황무지였던 이곳에 들개 한 마리가 있었다.

스피치(?)로 몸집이 작은 갈색이었다. 누가 이곳에 버려 그동안 쓰레기를 주워 먹으며 넓은 공간에 혼자 살았던 것 같았다.

사람으로부터 사랑을 받지 못해서 그런지 야성(野性)이 강해 좀처럼 접근을 허락하지 않았다. 붙잡으려고 하면 재빠르게 도망가기 일쑤였고 혹 여럿이 몰이하여 겨우 잡을 때가 있었으나 사납게 짖으며 물려고 해서 가까이 가기가 어려웠다.

딸 은정이와 해피, 들순이와 함께 찍은 사진은 찾지 못했다.

구내식당에서 나오는 잔밥을 주었다. 그러나 사람이 곁에 있으면 먹지 않고 늘 경계를 하더니 계속 되풀이하자 따르기 시작했다.

복토와 평탄 작업 중이던 현장을 점검할 때에는 늘 데리고 다녔다. 일부 직원들도 간식을 주며 좋아하게 되고 어느덧 수목원의 마스코트가 되었다. 이름도 들에서 온 암캐라고 하여 들순이라고 했다.

특히, 다른 사람보다 나를 잘 따랐다. 출장 갔다가 귀청(歸廳)하거나 아침에 출근하면 내가 타고 온 차 소리만 듣고도 멀리서 쫓아 나와 반갑게 꼬리를 흔들었다.

공사가 진행 중이라 출입하는 차가 많았다. 그런데도 그 많은 차 중에 어떻게 내가 탄 차의 소리만을 기억할까 신기하기도 하여 더욱 사랑스러웠다. 들순이가 얼마나 영리한지 알 수 있었던 또 하나의 일은 직원과 방문객의 구별이다. 그때 수목원에는 30여 명이 근무했고 외부 사람들도 많이 와 있었다. 그러나 우리 직원을 제외하고는 접근하기를 거부하고 때론 물기도 했다. 복장도 비슷하고 체격도 비슷한데 어떻게 우리 직원인지 아닌지 구분하는지 불가사의했다.

직원들이 출근하지 않는 어떤 휴일 날, 나는 가끔 수목원에 나와서 밀린 업무를 보거나 혹 공사 중 잘못된 곳은 없는지 현장을 살폈다. 이때 들순이와 해피를 데리고 다녔다. 해피는 사무실이 두류공원에 있을 때 김석용 주무관이 어디서 얻어온 개로 이사올 때 데리고 온 잡견이었다. 셋이 함께 현장을 둘러보는 순간이 너무 행복했다.

수목원 곳곳은 내 발자국이 닿지 않는 곳이 없지만 들순이와 해피의 발자국도 따라서 함께 남아 있다.

내가 시청 과장으로 자리를 옮기고도 수목원을 자주 찾았다. 점점 모양이 달라지는 모습을 보는 것이 즐겁기도 했지만 들순이와 해피를 만나 함께 하고, 어떤 때에는 딸 은정이를 데리고 가 넷이서 드넓은 공간을 한 바퀴 도는 시간이 더 할 나위 없이 즐거웠기 때문이다.

그런데 그 후 해피는 수목원에 남아 있었지만 들순이는 성서에 있는 화훼생산 포지로 옮겼다고 했다. 들순이를 유난히 사랑했던 조귀향 씨가 화훼포지로 가면서 데리고 갔다고 했다. 외부 사람들에게 사납게 굴기 때문에 위험해서 그냥 둘 수가 없었다고 했다. 특히, 노약자나 어린 유치원생들도 구경 오는데 아이들을 물면 책임이 크기 때문이다.

사정을 모르는 바 아니기 때문에 충분히 이해할 수 있고 고맙기도 했다. 얼마를 지난 후 남아 있던 해피가 홀대 받는다는 소문이 내 귀에 들어왔다. 개를 싫어하는 다른 사람이 없애려고 한다고 했다.

개에 대한 호불호는 각기 다를 뿐만 아니라, 내가 수목원을 직접 관리하는 책임자도 아닌 만큼 어쩔 수 없는 일이라고 생각했다. 반면에 기쁜 소식도 있었다. 해피가 병이 들자 이동춘 계장이 동물병원에 데리고 가서 치료도 했다고도 했다.

어느 휴일 수목원에 들렀더니 해피가 웅크리고 있다가 반갑다고 꼬리를 흔들었다. 목줄이 여러 겹으로 꼬여 길이가 1m 남짓밖에 되지 않았다. 어느 정도 길어야 활동이 자유로울 터인데 그렇지 못하고 지냈으니 그동안 얼마나 답답해했을까 생각하니 나의 무기력함에 안타까웠다.

줄을 풀어 예전과 같이 수목원을 한 바퀴 돌려고 하였으나 몸이 불편한지 움직이는 것을 힘들어 했다. 멍하니 바라볼 수밖에 없었다. 머리를 쓰다듬어 주고 한참을 옆에 앉았다가 발길을 돌렸다. 이튿날 출근하니 아는 사람으로부터 해피가 죽었으며 뒷산 어디엔가 묻었다고 했다. 한동안 멍했다.

그가 죽음을 앞두고 그동안 서로 의지하며 보냈던 내가 나타나기를 기다렸다가 눈을 감은 것이 아닌가 생각하니 더 가슴이 아팠다. 때론 꽃밭에 들어가 난장판을 만들어 발길로 차인 적도 있었지만 그래도 언제 그랬느냐는 듯 꼬리를 흔들면 애교를 부리던 적이 한 두 번이 아니어서 내 마음을 더 아프게 한 것이 해피였다.

더 시간이 지난 후 성서포지로 간 들순이도 죽었다는 연락을 받았다. 그곳 관사(?)에 거주하던 김병도 씨가 잘 건사를 해 주어 죽기 전에 새끼를 몇 마리 낳았다고 했다. 그 새끼 중 한 마리를 내가 살고 있는 아파트로 데리고 와서 키울까 하는 생각도 해보았으나 그렇게 하지 못했다.

현장을 지휘하랴, 환경·시민단체의 반발에 대응하랴, 언론의 부정적인 보도로 이리 뛰고 저리 뛰어도 수목원 조성의 중요성을 이해하지 못하는 일부 직원들은 강 건너 불 보듯 하는데 해피와 들순이는 내 옆을 떠나지 않아 마음속에 더 깊이 자리 잡고 있었다.

비록 명이 다해 하늘나라로 갔지만 들순이와 해피는 내가 힘들어 할 때 가장 위로 받은 친구들이다. 지금도 수목원을 찾으면 그들과 함께 구석구석을 돌아다니던 생각이 되살아난다. 내세(來世)가 있다면 인간으로 태어나 이보다 더 넓은 수목원을 한번 만들어 보자.

천만그루나무심기 달성기념비

대구수목원 청사 앞 광장(광장이라고 하기에는 규모가 좀 작다) 좌측 편에 보면 까만 빗돌의 '천만그루나무심기달성기념비'가 있다. 주변에 꽃나무가 심어져 있어 쉽게 접근할 수 없는 뒷면에는 다음과 같은 비문이 쓰여 있다.

우리 고장 대구(大邱)는 북으로는 팔공산이 남으로는

비슬산이 에워싸고

신천이 남북으로, 금호강이 동서로

낙동강이 서남부지역을 감싸고 있는

산자수명(山紫水明)한 고장으로서,

땅이 기름져 선사시대(先史時代)에

이미 사람이 살기 시작한 유서 깊은 곳이다.

국채보상운동(國債報償運動)을 전개하고, 2.28의거로

독재정권을 무너뜨린

민족사의 큰 물줄기를 바로 잡은

자랑스러운 선조(先祖)들이 살았던 고장이다.

산업화가 급격히 진행되면서

아름답던 시가지와 산하(山河)가 뭉개지고 깎여졌다.

시민과 시정부가 뜻을 모아 첫 삽을 든 지 어언 11년

아스팔트를 깨내고 담장을 헐어 나무를 심으니

마침내 1,000만 그루가 되어 달구벌이 한결 푸르러졌다.

자랑스러운 이 쾌거(快擧)를 오래 기리기 위해

쓰레기매립지를 낙토(樂土)로 바꾼 대구수목원에

기념비를 세운다.

2006년 6월 26일

대구광역시장

2006년에 건립된 '천만그루나무심기달성기념비'. 비문은 필자가 썼다.

이 비문(碑文)은 필자가 썼다. 당시 김진원 녹지과장이 전화를 걸어왔다. 천만그루달성기념비를 세우려고 하는데 선배님이 비문을 써 주었으면 좋겠다고 하여 써 준 것이다. 사무관 시절 1,000만 그루 나무 심기를 기획했고 630만여 그루를 심었을 때 퇴직했기에 영광이기도 했다.

그러나 관공서의 일이 그러하듯 초안(草案)을 잡아주면 수정을 거듭하기 때문에 지금의 비문도 그런 절차를 거쳐 내용이 바뀔 줄 알았다.

그런데 나중에 보니 내가 쓴 안(案)이 그대로 채택되었다. 수필가로도 활동하고 있던 당시 권대용 환경녹지국장에게 보였더니 뭔가 좀 부족한 점이 있는 것 같은데 꼭 고칠 부분을 집어낼 수 없으니 그대로 하라고 하였다고 한다.

잠시 후회스러웠다. 원안(原案)대로 채택될 줄 알았다면 문장을 더 다듬었을 것인데 고쳐질 것을 지레짐작하고 그렇게 하지 않았기 때문이다.

자생지에서 채집해 온
식물이 자라는 심원深園

자생지에서 채집해 온 식물이 자라고 있는 심원(深園)

수목원에는 침엽수원, 활엽수원, 약용식물원을 비롯해 한국 전통정원에 이르기까지 모두 25개 소원으로 구성되어 있다. 공식적인 소원(小園)에 포함되지 않는 또 하나의 소원이 있으니 심원이다.

유리온실 주변을 완충하기 위해 록가든(Rock garden)을 조성했다. 이 가든에는 기린초, 각시붓꽃, 제비꽃, 할미꽃, 두메부추, 은방울꽃, 부처손, 등 다양한 종류의 초본식물을 심어 놓아 보기도 좋고 유리온실도 보호되고 있다. 그 남쪽에 두어 평남짓한 공간이 있다. 나는 이곳을 '심원(深園)'이라고 명명했다. 그러나 표찰을 부쳐 놓은 것도 안내도에 표시된 것도 아닌 내 마음속의 정원일 따름이다.

이 작은 공간을 심원(深園)이라고 하는 이유는 비록 규모는 작지만 수목원 조성을 위해 문 시장 다음으로 지원을 아끼지 않았고 환경부에서 국비를 받아오는 등 수목원 조성에 크게 도움을 준 박병련 행정부시장에 대한 고마움을 잊지 않기 위해서이다. 특히 박 행정부시장는 나에게 심원(深園)이라는 호를 지어주었다.

처음 문 시장으로부터 수목원 조성을 지시 받았을 때 박 부시장께서는 나와 권인달 국장에게 내일 당장 제주도 한라수목원을 가서 보고 캠코더로 찍어 와서 간부회의에 보고하라고 지시하고 그날 저녁 제주도에 내려 오셔서 우리와 합류해 수목원 조성을 논의했다.

제주도 기획실장으로 근무할 때 박 부시장의 지시로 한라수목원이 조성되었으니 그곳에서 정보를 얻는 것이 향후 대구수목원 조성에 많은 참고가 될 것이라고 했다.

나와 권 국장은 오전에 한라수목원을 둘러보고 자료를 얻고 빌려간 캠코더로 찍었으나 조작 기술이 미흡해 결국 실패했다. 저녁때 박 부시장을 만나 향후 대구수목원이 지향할 바를 논의하면서 담소하는 도중에 지어 준 나의 호가 심원이었다.

이곳에는 산철쭉, 진달래, 가침박달, 다래, 산국, 일월비비추, 참나리, 갯완두, 홀아비꽃대 등 몇 종류의 나무와 풀이 있다. 이들은 산이나 들에서 내가 직접 채집해 온 것들이다.

수목원에는 개원 당시에 초본 800종, 목본 400종 모두 1,200종을 심었으나 현재는 초본 1,300종, 목본 450종 모두 1,750종을 보유하고 있다.

직접 식물채집에 나섰던 까닭은 지금 심어져 있는 식물들은 자생지가 불분명(不分明)하다는 점이다. 조경업자가 어디서 구입해 심었는지 족보를 모른다. 즉 순수혈통이 아니고 원예종이거나 외래종, 교잡종일 가능성이 높다.

이런 점은 수목원의 기본 업무라고 할 수 있는 종 보존 사업의 정통성에 차질이 빚을 우려가 있다. 따라서 기회가 있을 때마다 자생지에서 채집하거나 권위 있는 기관에서 기증받아 이곳에 잠시 모아 두었다가 점진적으로 바꿔 심을 생각이었다.

그러나 자리를 시청으로 옮기면서 중단되었다. 지금 자라고 있는 식물은 그런 일을 염두에 두고 심은 것들이다.

성서화훼포지사용 전말

두류공원에 있던 사무소와 꽃 생산 포지를 대곡동으로 이전한 얼마 후 수목원을 만들라는 지시가 있었다.

연간 80만 포기의 꽃을 생산하는 성서포지(좌),
당시 도화엔지니어링의 현장 사무실 가건물(우)
을 얻어 지금까지 사용하고 있다.

제일 큰 문제는 꽃 생산이었다. 연간 80만 포기 생산하려면
적어도 10,000평 이상 땅을 확보해야 하는데 수목원 만드는데
도 돈이 많이 든다고 비판하고 있는 마당에 포지를 새로 구입
해서 조성하기에는 부담이 너무 컸다. 그렇다고 꽃 생산을 중
단할 수도 없다.

사실 수목원이 꽃을 생산해 해마다 구·군·사업소에 공급하
는데 대해 나는 반대하는 입장이다.

구·군도 엄연한 독립된 지방자치단체이고 그보다 더 중요한
것은 역내의 화훼업자를 보호하는 것도 시정부가 해야 할 일

중의 하나인데 민간의 업무까지 시가 독점하게 되면 그들이 설자리가 점점 좁아지기 때문이다.

그러나 그러기에는 시간이 없었다. 문제를 해결하기 위해 이진훈 환경국장(현, 수성구청장)이 주관하는 과장, 사업소장 회의에서 논의해야 했다. 그때 하수과 김대묵 과장(지하철건설본부장으로 퇴임)이 당분간 성서에 있는 유휴지를 55,111㎡, (16,671평)를 활용하라고 했다.

분뇨처리장을 증설하기 위해 부지를 미리 확보해 두었는데 연차적으로 확장할 계획이기 때문에 당분간 활용해도 괜찮다고 했다. 현장을 갔더니 땅도 넓을 뿐 아니라, 분뇨처리장 공사를 감리하던 도화엔지니어링이 이제 막 철수 준비를 하고 있었다. 그동안 직원들이 머물던 가건물을 철거하려 했다. 나는 김 과장에게 현장사무소도 뜯지 말고 우리에게 달라고 했다.

농자재는 물론 현장에서 일 하는 사람들이 휴식할 수 있는 공간이 필요하고, 특히, 우천 시 비를 피할 수 있는 곳이 있어야 하기 때문에 새로 짓기보다 그대로 활용하는 것이 유리하다고 판단했다.

지금의 성서포지는 그래서 돈 한 푼 들이지 않고 확보하고 건물도 공짜로 얻었다. 그때가 2000년경인데 17년이 지난 지금까지 사용하고 있으며 점차 공사가 확장되면서 현재는 포지가 24,480㎡(7,400평)로 줄어들었다고 한다.

대구수목원이 자랑하는 가을 국화전시회 준비도 이곳에서 하

고 있다. 김 과장은 이외에도 달성 구지에서 국채보상운동기념
공원으로 소나무를 옮겨 심을 때 총 1억 3,000만 원이나 소요
되는 헬기 운임도 삼성을 설득해 무상으로 지원해 주는 등 녹
지 업무에 많은 협조를 해 주었다.

이 유휴(遊休) 부지 활용은 예산절감 효과도 컸지만 당면한
문제를 현장 공무원이 누구의 지시 없이도 스스로 해결했다는
데 의의(意義)가 크다고 할 수 있다.

대구의 식물상植物相 발간

양묘사업소에서 임업시험장으로 이름이 바뀌게 되었으니 기
본 목표인 꽃과 나무를 생산하는 양묘기능 이외 부수적으로 시
험 · 연구 사업도 추진하고 싶었다.

대상은 물론 나무와 풀이다. 그러나 그때 대구시에는 식물에
대한 종합적으로 정리해 놓은 자료가 없었다. 즉 대구시 행정
구역 안에 몇 종의 나무와 풀이 자라고 있는지를 알 수 있는 정
리된 자료가 없었다.

반면에 언론이나 환경단체는 걸핏하면 도시화가 진행되면서
환경이 나빠져 생태계가 파괴되고 있다고 한다. 이런 보도나
비판적인 기사를 본 시민들은 대구시의 환경정책이나 녹지정

책이 심히 잘못된 것으로 믿었을 것이다.

그러나 환경문제를 제기하는 활동가나 기자는 특정 사안을 언급할 때 증거가 뒷받침되어야 한다. 막연한 주장은 현실을 오도하기 때문이다. 즉 생태계가 파괴되었다면 어떤 생물이 얼마만한 개체가 살고 있었는데 무슨 사유로 멸종된 것인지 아니면 개체수가 줄었는지 수치상으로 검증된 자료를 내 놓아야한다.

그러나 그렇지 못하다. 이런 점에서 시민들에게 정확한 정보를 제공해야하는 수세적인 위치에 있는 시의 입장에서는 기본적인 데이터 구축이 시급한 과제였다.

동물이나 곤충은 우리 소관이 아니기 때문에 차치하고 우선 식물에 대한 자료만이라도 구축하고 싶었다. 즉 팔공산이나 앞산, 비슬산 등 우리 지역에 자라는 식물 목록을 정리하고 싶었다.

그러나 이 일은 쉬운 작업이 아닐 뿐만 아니라, 돈도 많이 든다. 즉 전문가가 있는 대학교나 연구기관에 위탁하는 것이 통례인데 소요 경비가 만만치 않다. 적어도 억 단위는 넘어야 한다.

따라서 재정 확보가 쉽지 않다. 또 포지도 정리해야하고, 온실도 짓고, 꽃과 나무를 생산할 비닐하우스도 만들어야 하기 때문에 내부적인 일도 만만치 않았다.

그러나 반드시 필요한 자료이기에 한번 해보기로 했다. 녹지 업무를 추진하면서 나 역시 그랬고 동료 후배직원들에게도 그렇게 말했지만 '대구시에 몸담고 있는 녹지계통의 공무원들은 본인의 실력은 다소 떨어져도 부지런하면 할 수 있어 조건이 좋다'고 했다.

즉 대구권 대학에는 산림, 녹지, 공원 관련학과가 경대, 영대, 가톨릭대, 대구대 등 거의 모든 대학에 설치되어 있고, 유능한 교수님이 많다. 예를 들면 부산은 당시 조경학과가 동아대에, 인천은 아예 조경학과가 설치된 대학이 없었다.

이와 달리 대구시의 공무원들은 가까운 곳에 훌륭한 교수님들을 두고 있어 수시로 자문을 받을 수 있고, 그 교수님들의 저서나 연구논문을 통해 업무를 발전시킬 수 있기 때문이다.

따라서 나는 많은 돈을 들여 용역을 주기보다 다소 정확성이 떨어지기는 하나 기존에 발표된 논문을 활용하기로 했다.

다행이 '팔공산자연공원생태조사보고서(대구시, 1994)' '비슬산식물조사보고서(안동교육대학, 1971, 오수영)' '대구대공원조성환경영양평가보고서(대구시, 1994)' '대구시 앞산자연공원일대의 현존산림식생과 식물상(경북대 대학원, 1988, 이은경)' '최정산식물조사보고서(안동교육대학, 1971, 오수영)'를 입수할 수 있었다.

이를 신백호 주무관에게 정리하도록 해 1997년 완성시킬 수 있었다.

이 자료를 통해 대구에는 모든 1,355종의 식물이 살고 있으며 그중에서 나무는 415종, 풀은 940종임을 확인할 수 있었다.

이는 사람으로 치면 대구시에 살고 있는 주민을 모두 정리한 셈이 된다. 즉 250만 시민과 더불어 1,355종의 식물이 살고 있는 공동체라고 할 수 있다.

그 중에서 솔나리, 금강제비꽃, 천마, 깽깽이풀, 약난초, 흰진달래, 고란초, 끈끈이주걱은 당시 환경부가 특정 야생식물로 지정했던 8종이고, 또한 산림청이 희귀 및 멸종위기식물 분류한 가침박달 등 36종이 자생하고 있는 것도 확인되었다.

이 〈대구의 식물상〉은 대구시 최초로 정리된 식물 목록으로 언론으로부터 많은 칭찬을 받았다. 다만 아쉬웠던 점은 수생식물을 포함시키지 못했는데 이는 기존 연구보고서나 정리된 자료가 없었기 때문이다.